Jesús y el Adicto

Doce Estudios Bíblicos para

Personas que Están Saliendo

de las Drogas y el Alcohol

Guía para el Líder

Dra. Pam Morrison

Jesus and the Addict

Copyright © 2019 Rev. Dra. Pam Morrison
Todos los derechos reservados.
ISBN: 978-1-945976-64-3

Las citas de las Escrituras tomadas de la SANTA BIBLIA, Versión Reina-Valera © 1960 Sociedades Bíblicas en América Latina; © renovado 1988 Sociedades Bíblicas Unidas. Utilizado con permiso. Reina-Valera 1960™ es una marca registrada de la American Bible Society.

Las citas de las Escrituras tomadas de la SANTA BIBLIA, NUEVA VERSIÓN INTERNACIONAL® NVI® © 1999, 2015 por Biblica, Inc.® Usado con permiso de Biblica, Inc.® Reservados todos los derechos en todo el mundo.

Las citas de las Escrituras señaladas como (RVA-2015) están tomadas de la SANTA BIBLIA, Versión Reina Valera Actualizada, Copyright © 2015 por Editorial Mundo Hispano. Usadas con permiso.

Las citas de las Escrituras señaladas como (RVC) están tomadas de la SANTA BIBLIA, Versión Reina Valera Contemporánea ® © Sociedades Bíblicas Unidas, 2009, 2011. Usadas con permiso.

Las citas de las Escrituras señaladas como (NTV) están tomadas de la SANTA BIBLIA, Nueva Traducción Viviente, © Tyndale House Foundation, 2010. Usado con permiso de Tyndale House Publishers, Inc., 351 Executive Dr., Carol Stream, IL 60188, Estados Unidos de América. Todos los derechos reservados.

Las citas de las Escrituras señaladas como (DHH) están tomadas de la BIBLIA DIOS HABLA HOY®, Tercera edición © Sociedades Bíblicas Unidas, 1966, 1970, 1979, 1983, 1996. Usadas con permiso.

Las citas de las Escrituras señaladas como (LBLA) están tomadas de LA BIBLIA DE LAS AMÉRICAS © Copyright 1986, 1995, 1997 por The Lockman Foundation. Usadas con permiso.

Las citas de las Escrituras señaladas como (TLA) están tomadas de la Santa Biblia, Traducción en lenguaje actual Copyright © Sociedades Bíblicas Unidas, 2000.

Traducción al español por: Israel Ortet (Rhema Translations)
translationsrhema@gmail.com

Publicado por EA Books Publishing, una división de Living Parables of Central Florida, Inc. a 501c3 EABooksPublishing.com

Normalmente, las páginas iniciales están llenas de reconocimientos para el autor y recomendaciones para leer su obra. En cambio, aquí están algunas de las voces de las personas que se recuperan de la adicción a las drogas, compartiendo sus pensamientos, alabando *al* Autor de la vida y la salvación.

En reconocimiento a Jesús:

"Yo estaba desesperada y perdida, era como un monstruo al que no conocía ni apreciaba. Ahora soy feliz y tengo paz. Soy una maravillosa madre, esposa, hija y amiga. Te doy toda la gloria a Ti, Jesús, por ser la luz en mi mundo de oscuridad, por restaurar totalmente mi vida. Estoy eternamente agradecida y bendecida". – Tarah

"Te amo, Jesús, por amarme cuando yo no me podía amar a mí misma. Gracias por traer la luz de nuevo a mis ojos cuando todo estaba oscuro. Estoy verdaderamente bendecida". - Schyler

"Yo amo a Jesús porque Él me cambió y me hizo quien soy. Él me ha dado vida y ha dejado que mi verdadero yo se manifieste. ¡Él me dio las fuerzas para poner una sonrisa en los rostros de otras personas y para darme el gozo de verlo! Gracias. Te amo Dios". – Ashlynne

"Dios envió a Su propio Hijo, Jesucristo, a morir en la cruz por nosotros, por nuestros pecados. Eso sólo demuestra cuánto nos ama Dios realmente. ¡Gracias!". – Laurin

"Cuando yo estaba herido y sangriento, el Señor me restauró y me levantó". – Brad

"Yo me aparté de Dios en mi adicción y, sin embargo, Él aún me rescató de ella. Yo estaba muerto en mi adicción, pero ahora, por la gracia de Dios, estoy vivo". – Devon

"Tomó seis delitos, cinco viajes al Departamento de Correcciones, la pérdida de mis abuelos y de mi madre para que yo empezara a buscar a Dios. Y entonces, sólo fue necesario que yo encontrara cincuenta centavos, mientras estaba viviendo en un refugio para desamparados, para mostrarme que Él me ama". – Marcus

"Cuando intento explicar a los demás cómo Dios cambió mi vida, a veces no me entienden. Pero cuando hablo de Jesús con aquellos a los que Dios nos ha sacado de la oscuridad a la luz, es el mejor sentimiento del mundo – tan sólo hablar de Él con ellos. Es porque SABEMOS cómo Él ha cambiado nuestras vidas. No puedo hablar por nadie más, pero para mí, Dios es impresionante".– Amós

"Pasé 26 años de mi vida como drogadicto y nunca realmente creí en Dios hasta ahora. Hoy estoy sobria y viva y le doy gracias a Dios". – Mindi

Contenido

Agradecimientos	iv
Introducción	1
Capítulo 1 - El Amor del Padre	9
Capítulo 2 - Jesús y la Cruz	25
Capítulo 3 - El Poder del Espíritu Santo	43
Capítulo 4 - Su Identidad en Jesús	63
Capítulo 5 - Pensando de una Nueva Manera	79
Capítulo 6 - No más Provocaciones: "Ya Sé Como Actúa el Diablo"	95
Capítulo 7 - Adquiriendo Hábitos Santos	113
Capítulo 8 - Del Resentimiento al Contentamiento	131
Capítulo 9 - Pisoteando el Temor	147
Capítulo 10 - Aprendiendo la Paciencia	163
Capítulo 11 - El Poder del Perdón	177
Capítulo 12 - No Se Rinda Cinco Minutos Antes de su Milagro	191
Acerca de la Autora	207

Agradecimientos

Quisiera agradecer a dos bellas damas, Bobbi Jo Reed y Judi Burkholder, las "madres" de la comunidad en recuperación de Healing House Recovery en Kansas City, Missouri. Su maravillosa fe y tremendo amor por la gente en recuperación es fuente de inspiración y un modelo a seguir para ministrar con denuedo.

Agradezco a mi querido amigo, el Pastor Tom Langhofer, quien me ha dado muchas oportunidades de enseñar en la Casa de Sanidad (Healing House) durante las reuniones de los viernes por la noche.

Quiero decir gracias a los innumerables hombres y mujeres que he conocido y con quien he tenido el privilegio de ministrar en los centros de recuperación, cárceles, iglesias y en la Casa de Sanidad. Es difícil decir quién se ha beneficiado más de estas relaciones, si ellos o yo. Estoy agradecida de haber presenciado su coraje y recibido su amor.

Y, como siempre, estoy tan agradecida de mi querido esposo, David, quien me ha apoyado en cada aventura con Dios. Gracias, David.

Introducción

Hace varios años, fui nombrada pastora de una iglesia que acogía a diversos grupos de la comunidad, entre ellos un grupo de Alcohólicos Anónimos (A.A.) que se reunía en el sótano. El grupo de A.A. mantenía la habitación que alquilaba limpia y ordenada; las sillas estaban colocadas en forma de círculo, una cafetera reposaba sobre un carrito con ruedas y carteles alentando a la sobriedad adornaban las paredes. El único fallo del grupo, si uno estaba buscando fallos, era el constante desagradable olor a humo de cigarrillo en la habitación, aunque los miembros fumaban afuera, y el hecho de que, bueno, ellos estaban allí.

Periódicamente, la Junta Administrativa de la iglesia se reunía en la biblioteca de paneles oscuros y alguien traía a colación el grupo A.A. y preguntaba: "¿No es hora ya de que les pidamos que se vayan y se reúnan en otro lugar? Después de todo, sólo nos dan veinticinco dólares mensuales de alquiler". La realidad es que eran veinticinco dólares al mes más de lo que aportaban las clases de escuela dominical, estudios bíblicos, o los otros grupos comunitarios, pero había algo sobre tener un grupo de A.A. en el edificio de la iglesia que parecía, para algunos, como tener "algo atravesado". Decir "necesitamos el espacio", no era realmente lo que se escondía detrás del tema del desalojo. Esa era una iglesia seria, tradicional y sin crecimiento. En algún lugar de sus corazones, les parecía inapropiado que fumadores, ex-borrachos y drogadictos entraran en su edificio santo.

Era llamativo, pero no sorprendente, que sólo dos o tres de los adictos en recuperación participaban de la vida de la iglesia, venían a los servicios, o se habían unido a un grupo pequeño. La tensión acerca de ellos era una de las muchas batallas que pueden ocurrir en una iglesia, y lamento admitir que no abordé el asunto con la debida seriedad. Yo no lo comprendía completamente en aquel momento, ni tampoco era la defensora de aquellos que huyen de la adicción en la que más tarde me convertiría. Tampoco entendía las necesidades de los miembros de la iglesia como debía. Necesitaba crecer.

Ahora, años más tarde, después de haber pasado mucho tiempo con tantos adictos en recuperación, me pregunto: "¿Cómo podía una iglesia estar orgullosa de sí misma por ser de mente abierta al acoger un grupo de Alcohólicos Anónimos, pero nunca sentir que era importante o parte del Evangelio el atraerlos escaleras arriba hacia la vida plena de la comunidad de la iglesia? ¿Cómo no podían ir más allá de las paredes de la iglesia y traer a muchos más de ellos aprovechando que Dios había propiciado esa oportunidad?".

¿Podría ser que las ideas de la iglesia acerca de Dios, la cruz y la gente estaban fuera de lo que Jesús, en Su amor, quería que fueran? ¿Les faltaba el amor del corazón de Cristo? Y no estoy hablando desde la perspectiva tonta y superficial que ofrecen demasiados americanos de la iglesia de hoy: "No juzguéis, para que no seáis juzgados – ¡Jesús ama a todo el mundo tal y como son!". Es decir, insensatez a la enésima potencia. Sí, Jesús amaba y aceptaba a la gente. Sí, Él se juntaba constantemente con los pecadores. Pero Él también radicalmente los libró de su estilo de vida caído. En última instancia, Él murió en la cruz para liberarnos a todos del pecado y de la muerte y traernos a la salvación y la vida. Él quiere que la humanidad pase de muerte a vida. ¡Esa fue Su misión! "Para esto apareció el Hijo de Dios, para deshacer las obras del diablo" (1 Juan 3:8 RVR60). Por lo tanto, Jesús amaba radicalmente a esos adictos en recuperación en el sótano, tanto como amaba radicalmente a los intransigentes, a veces inconversos (sí, inconversos) del piso de arriba. Él desea que todos tengamos un encuentro con Él y que seamos radicalmente transformados por Su salvación, no por nuestro propio esfuerzo, para que seamos como Él. Él quiere que le permitamos amarnos a Su manera, Su manera soberana, –a la manera de los escogidos en Cristo "antes de la fundación del mundo" (Ef. 1:4-5 RVR60) – para que así, con una vida nueva y una identidad restaurada, recibida por gracia, podamos amar a los demás.

Verdaderamente, sólo aquellos que invocan el nombre del Señor en dependencia total, creyendo en Su obra terminada en la cruz por ellos, son salvos, y es lo mismo para todos. Somos hechos libres por Él, no por nosotros mismos, nuestros pensamientos, nuestras buenas obras, o logrando "mantener callado y oculto" aquello que alguien podría interpretar como malo. Estamos parados al nivel del suelo ante la cruz de Cristo, o deberíamos estarlo. Ninguna iglesia debería ser arrogante e inhospitalaria para quienes luchan con las drogas y la pobreza que estas causan, enarbolando una señal que no se puede ver, pero sí sentir, que dice: "Los de tu clase no son bienvenidos aquí". (Sin embargo, es compasivamente entendible que la capacitación en cómo ministrar a esta población es inmensamente valiosa. Pero más valiosa y sobre todas las cosas, es la unción y la guía del Espíritu Santo, que nos da sabiduría).

Todos somos de la misma clase –personas depravadas y condenadas sin Jesús– muertos. Y no estoy segura de que tipo de "muertos" Jesús se compadece más, de los adictos perdidos en la adicción o de las personas respetables perdidas en la arrogancia y el aislamiento hacia quienes consideran por debajo de ellos. La ilusión de que nuestras buenas obras, y no Jesús, nos hacen estar bien con Dios nos lleva a la frustración y a juzgar a otros. Esa arrogancia es ignorante y rígida, revelando una falta de conocimiento de Dios e incluso un cierto desprecio por Él, y necesita sanidad, bondad y redención también.

Liberar a las personas del cautiverio de la adicción debe estar entre las misiones de la Iglesia al ministrar a un mundo perdido y necesitado. El Instituto Nacional de Toxicomanía (NIDA por sus siglas en inglés), que es parte de los Institutos Nacionales de Salud (NIH por sus siglas en inglés) en los EE.UU., publica periódicamente estadísticas sobre la adicción a las drogas. Considere estas tres declaraciones de su sitio web acerca del uso de drogas en los Estados Unidos: [1]

> El abuso de tabaco, alcohol y drogas ilícitas es costoso para nuestra nación, cobrando más de $740 mil millones anuales en costos relacionados al crimen, la pérdida de productividad laboral, y el cuidado de la salud.
>
> En 2013, un estimado de 24,6 millones de estadounidenses mayores de 12 años de edad –9,4 por ciento de la población– habían consumido una droga ilícita en el último mes.
>
> Sigue existiendo una gran desigualdad de tratamiento en este país. En 2013, un estimado de 22,7 millones de estadounidenses (8,6%) requirieron tratamiento por un problema relacionado con las drogas o el alcohol, pero sólo alrededor de 2,5 millones de personas (0,9%) recibieron tratamiento en un centro especializado.

Yo diría que el mayor recurso para reorientar una vida y sanar sus quebrantos, incluyendo la adicción, está siendo muy infrautilizado. Ese recurso es el Hijo de Dios. "Así que, si el Hijo os libertare, seréis verdaderamente libres" (Juan 8:36 RVR60), es la promesa gloriosa del evangelio de Juan. Nuestras estrategias para la recuperación de las adicciones a menudo han sido más seculares y médicas. Todo eso es útil, pero Jesucristo tiene un historial de liberar a la gente radical y completamente mediante la transformación de sus vidas. Más importante aun, Él es el camino a la vida eterna. Mi esperanza es ver que esfuerzos para proveer una recuperación cristiana se extiendan grandemente a lo largo de este país, y dónde sea necesario en el resto del mundo.

Nosotros, adictos y no adictos por igual, deberíamos estar en el santuario alabando a Dios juntos, compartiendo en pequeños grupos juntos, realizando obras de servicio a la comunidad juntos. Esa es mi esperanza y mi oración, que los seguidores de Cristo vuelvan a entender o entiendan por primera vez que "ahora hay justicia aparte de la ley", como dice en Romanos 3:21. Es una justicia que recibimos solamente a través de Cristo. Pero "escuchemos" como lo describe el hermoso y fácil de entender idioma de la Nueva Traducción Viviente de la Biblia:

> Pero ahora, tal como se prometió tiempo atrás en los escritos de Moisés y de los profetas, Dios nos ha mostrado cómo podemos ser justos ante él sin cumplir con las exigencias de la ley. Dios nos hace justos a sus ojos cuando ponemos nuestra fe en Jesucristo. Y eso es verdad para todo el que cree, sea quien fuere.
>
> Pues todos hemos pecado; nadie puede alcanzar la meta gloriosa establecida por Dios. Sin embargo, Dios nos declara justos gratuita y bondadosamente por medio de Cristo Jesús, quien nos liberó del castigo de nuestros pecados.
>
> (Romanos 3:21-24 NTV)

Jesucristo es la respuesta a todos los errores humanos, incluyendo especialmente la adicción.

Este texto contiene lecciones bíblicas utilizadas en el contexto de recuperación cristiana. Las mismas han sido utilizadas como estudios interinos entre sesiones del programa evangelístico cristiano Alpha. Alpha está diseñado para enseñar los principios básicos de la fe cristiana en un ambiente no amenazador y agradable, donde cualquier pregunta acerca de la fe es bienvenida y legítima. Los temas incluyen cosas como: "¿Quién es Jesús?", "¿Por qué murió?", "¿Cómo puedo orar?" y demás.

La esperanza es que a través de Alpha (o cualquier otro programa evangelístico), las personas adictas tengan la posibilidad de buscar y recibir a Cristo, ser llenos del Espíritu Santo y experimentar el poder sanador de Jesús interponiéndose entre ellos y la esclavitud a la adicción. Sin embargo, a pesar de que nuestro espíritu es hecho perfecto para siempre en el momento o en el proceso de la salvación, todavía necesitamos ser santificados (Hebreos 10:14) y que nuestra alma (mente, voluntad y emociones) sea sana y madura. (Romanos 12:2) Esa es la intención del autor a través de esta guía para líderes. Proporcionar estudios bíblicos "que sanen el alma" y que sean particularmente pertinentes a las necesidades de los adictos en recuperación. En estas páginas, cuestiones tales como conquistar el miedo, tener perseverancia, sanar viejas heridas, renovar las esperanzas, y tratar con muchos otros desafíos, son abordadas. Y como siempre, la naturaleza de Dios como amoroso Padre, Hijo y Espíritu Santo, se reitera entre esos otros temas.

Cada sesión de estudio tiene un versículo o versículos claves, una presentación del contexto del tema (para que el orador pueda reflexionar sobre las necesidades del grupo mientras prepara su charla), un ejemplo de charla, y preguntas de discusión para para que se dividan en pequeños grupos y se reúnan después de la presentación del líder. El ejemplo tiene la intención de ofrecerle un modelo a seguir. Cambie las historias, personalícela, haga su propia charla, incluso resalte otros puntos. El ejemplo es sólo para motivar su creatividad e imaginación. Deje que el Espíritu Santo le ayude a convertir la charla en suya propia.

Ser usted mismo es muy importante, incluso si su trasfondo es muy diferente al de las personas a las que sirve. Pienso a menudo en David Wilkerson, pastor y autor de La Cruz y el Puñal. Él pasó de ministrar una tranquila iglesia de familia en Pensilvania a las pandillas de adolescentes callejeros de Nueva York. Él venía de un trasfondo totalmente diferente al de aquellos que servía y amaba tan profundamente. ¿Qué lo equipó? ¿Tuvo que convertirse en un drogadicto o un delincuente para relacionarse con ellos? A menudo esa es la sabiduría imperante, que sólo un adicto puede ayudar a un adicto.

No, él no cambió. El respondió al llamado de Dios de manera muy ingenua, y algunos podrían decir que sin estar calificado, simplemente diciendo: "Sí, Dios". Fue el Espíritu Santo quien lo calificó y le dio la sabiduría y el poder necesarios para relacionarse con la gente a la que sirvió.

He escuchado a gente venir y hablar con grupos de personas en rehabilitación y actuar de la forma que piensan que lo deben hacer, tratando de sonar modernos y usando un poco de lenguaje callejero para poder encajar. Si ese no es usted, no lo haga. Sea usted mismo. La autenticidad es siempre mejor. La audiencia que realmente estamos tratando de complacer es a nuestro Padre en el cielo, siendo siervos sinceros de Sus planes para salvar a la gente. Solamente ámelos. Presente la verdad. Dios hará el resto.

He utilizado una gran variedad de traducciones bíblicas para los pasajes bíblicos citados. Como lo hacen muchos, he puesto en mayúsculas la primera letra de los pronombres como reverencia a Dios, pero no lo he hecho en las citas entre comillas si no es la práctica del escritor de una traducción en particular.

Y ahora, que Dios bendiga toda buena intención de su corazón al continuar con el ministerio de recuperación o emprenderlo por primera vez, para convertir la comunidad de Cristo en lo que fue su propósito inicial; un lugar donde María Magdalena, Mateo, Pedro, Nicodemo, José de Arimatea, rabinos, leprosos, ladrones y prostitutas encuentren el camino de vuelta a casa todos juntos.

1

El Amor del Padre

Versículos Claves

El Espíritu que ustedes han recibido ahora no los convierte en esclavos llenos de temor. Al contrario, el Espíritu que han recibido los hace hijos. Por el Espíritu podemos gritar: «¡Querido padre!»

El Espíritu mismo le habla a nuestro espíritu y le asegura que somos hijos de Dios (Romanos 8:15-16 PDT).

Somos aceptos en el Amado (Efesios 1:6 RVC).

Asuntos a Considerar por el Orador

¿Cuál es el entorno familiar del adicto? Bueno, claramente puede haber una gran variedad, dependiendo de muchas cosas: clase, etnia, estado civil de los padres, educación, sobriedad o falta de ella en los padres, etc. No es igual para todos. De más está decir que usted necesita entender quién es su audiencia. Eso pudiera suceder de manera natural –

usted le está hablando a personas que conoce– o a la manera del Espíritu Santo –Dios le revela las necesidades que hay delante de usted–. En ambos casos, orar y escuchar la voz de Dios le ayudarán. Tómese el tiempo para realmente estar a solas con el Padre y escuchar Su corazón para usted. Escuche Su corazón para las personas que están frente a usted. De la abundancia de Su amor vendrá el amor que usted necesita para ayudar a la gente en el contexto de recuperación donde ministre.

Me he relacionado principalmente con toxicómanos de familias de niveles socioeconómicos más bajos. Sabemos, sin embargo, por los noticieros nocturnos, que la adicción no hace acepción de personas. ¿Cuántas veces hemos visto entrevistas a padres u otros miembros de la familia llorando porque han perdido a un ser querido a causa de una sobredosis? Fentanilo, heroína, opioides, metanfetaminas; estas palabras son muy comunes en nuestras conversaciones a nivel nacional. Desde las más pobres comunidades urbanas y rurales hasta los barrios residenciales y calles de la ciudad de la clase media y los ricos, ningún área se ha escapado. Necesitamos ser sanos de esa plaga.

Hay quienes iniciaron el uso de las drogas a una edad temprana, muchas veces con el uso de la marihuana o el alcohol, que luego condujo a otras drogas. En demasiadas ocasiones, quien los introduce al mundo de las drogas es un familiar cercano, incluso uno de los padres. Abusos sexuales, violación, y/u otras formas de violencia por parte de familiares y no familiares son también parte de los relatos que escucho. Muchas personas recurren a la adicción debido a severos traumas y dolores de su niñez. Sus memorias traumáticas son desgarradoras y preocupantes.

La adicción ha sido una forma de automedicarse contra los recuerdos y sentimientos dolorosos de esas difíciles experiencias del pasado. Al mismo tiempo, debemos recordar que no todo el que se da a las drogas es para tratar el dolor. Algunos lo hacen por rebeldía o por buscar nuevas emociones. Para realmente poder ayudar, usted debe considerar todos los tipos de posibles variables presentes en la vida del individuo y en su adicción a las drogas. Y aunque el uso de drogas fue una elección al principio, se convierte en una enfermedad y una esclavitud de la que parece casi imposible escapar. Los adictos pueden sentirse sin esperanzas sobre como ser libres de eso.

Algunos adictos han tenido vínculos con iglesias a través de sus familias –varios tipos de iglesias, con diferentes familiares, ayudándoles a conectarse. Y, he conocido a aquellos que ya son cristianos pero aún están luchando con la adicción. Pero, sobre todo, he descubierto que muchos de aquellos que son nuevos en el proceso de recuperación, no tienen antecedentes en la iglesia. A menudo, el entendimiento que tienen del cristianismo es bastante deísta y/o legalista. Creen que existe un Dios, pero distante y severo. Cuando les pido a esos adictos que me digan lo que saben de Dios, a menudo me dicen algo muy vago y rápidamente cambian de tema. Los Alcohólicos Anónimos y otros grupos similares contribuyen a esa confusión, ya que piden que sus participantes sólo busquen y encuentren su propio "Poder Superior". "Dios puede ser lo que quieras", es muchas veces lo que les dicen. "Tu definición de Dios será suficiente".

La razón por la cual han enmarcado esta creencia de esta manera en A.A., después de haber sido concebidos por fundadores con conexiones cristianas, fue que la organización quería que A.A. ayudara a cualquier adicto con cualquier tipo de creencias religiosas y a aquellos que no tengan ninguna religión. Este deseo de querer ayudar a cualquier tipo de persona es noble y ha contribuido a recibir miles y miles de personas de todo el mundo. Muchos no hubieran cruzado el umbral de una reunión de A.A. si hubieran pensado que había ciertos requisitos religiosos. Y quizás han tenido una mala experiencia con cristianos o con personas de otras tradiciones religiosas. (Hablaré más sobre esto más adelante). Pero, ahí está el problema. No somos ayudados por un Dios vagamente creado en nuestra propia imaginación. Para recibir ayuda divina, una persona necesita realmente encontrar al Dios vivo como Él es y ser ayudado de la manera que Él quiere ayudarnos. Dios mismo ofrece algunas ideas al respecto que están bastante llenas de humor.

> **Crear una idea de Dios que nos quede bien puede sentirse cómodo al principio, pero al final nos deja indefensos y sin ayuda.**

En Isaías 44:16-17 (NVI), Dios habla a través del profeta Isaías sobre una cosa extraña que ha notado. Dios comenta acerca de cómo se crean los ídolos, es decir, dioses de nuestra propia imaginación y creación. Al hablar sobre la madera que un hombre usa para hacer su ídolo, Él dice:

> La mitad de la madera la quema en el fuego, sobre esa mitad prepara su comida; asa la carne y se sacia. También se calienta y dice: «¡Ah! Ya voy entrando en calor, mientras contemplo las llamas». Con el resto hace un dios, su ídolo; se postra ante él y lo adora. Y suplicante le dice: «Sálvame, pues tú eres mi dios».

El punto es claro. Si usted toma un tronco y le quema un extremo para asar la cena y luego pone pintura dorada en el otro extremo para adorarlo, ¿cómo puede usted creer que ha encontrado algo más que un tronco?

Crear una idea de Dios que nos quede bien puede sentirse cómodo al principio, pero al final nos deja indefensos y sin ayuda. En el pasaje anterior, Dios no está diciendo: "Yo te condeno por eso". Él está diciendo que un dios de su propia invención ni puede ni va a ayudarle. Va a ser un tronco. El resto de la Biblia nos habla de Su corazón, y Él dice: "El dios que tú inventas no puede ayudarte, pero yo sí. Ven a casa". Existe un peligro potencial en enseñar que lo que queramos pensar de Dios está bien si las personas no se mueven más allá de ese punto de partida. Pero, ciertamente, para abrir una puerta, es gentil y muy importante decir: "Ven como eres, con lo que entiendes ahora. Eres bienvenido aquí".

La pregunta, "¿Sabes quién es Jesús?" podrá ser recibida con confusión y muchas interrogantes. "¿Cómo puede un Dios tener diferentes Personas dentro de Él?". "¿No es Jesús un ser inferior que fue creado?". "¿No son todas las religiones iguales?". "¿Jesús es real?". Me han hecho todas esas preguntas. Y, de nuevo, además de eso, existe el pensamiento subyacente de que Dios es un ser temperamental. Muchos tienen la idea de que Dios es el responsable de su sufrimiento e incluso de todas las tristes consecuencias de la adicción, la pérdida de sus hijos, su encarcelamiento, y así sucesivamente. Muchos piensan, de alguna manera, que Él es un Castigador y un Maestro que utiliza la adversidad para dar forma a nuestras mentes. Como mínimo, piensan que es indiferente.

Con todo esto lo que quiero decir es que la lucha para presentar a Dios el Padre como amoroso y como alguien cuyas intenciones son buenas hacia Su creación, es un reto. Incluso llamar a Dios "Padre" (aunque entendemos que parte de la intención de Jesús en hacerlo fue mostrarnos la intimidad que Él tenía) tiene sus inconvenientes. Algunos en recuperación pueden disgustarse con la palabra "padre" porque han sido demasiado heridos y/o abandonados por un padre humano o tienen un concepto de Dios muy negativo.

¿Qué quiero decir con "tienen un concepto de Dios muy negativo"? Muchas personas, adictos o no, ven al "Padre" como el punitivo. Jesús muere en la cruz y nos cubre con Su justicia, pero el Padre "todavía es una deidad enojada", y lo único que impide que nos aniquile con rayos y centellas es el Cristo resucitado que ahora se interpone en el camino. ¡Incorrecto! Demasiado a menudo es así como se enseña la expiación, pero está mal. Cuando uno lee las escrituras correctamente, vemos que el Padre nos ama tanto como el Hijo. Él nos valoró mucho y por eso nos salvó a través de la cruz. Jesús hizo esta hermosa oración:

> No te pido solo por estos discípulos, sino también por todos los que creerán en mí por el mensaje de ellos… que el mundo sepa que tú me enviaste y que los amas tanto como me amas a mí (Juan 17:20, 23 NTV).

Hablaré más de este versículo en el ejemplo de charla incluido en este capítulo.

Dios el Padre nos ama con la más fundamental y profunda demostración de Su amor, que es la encarnación de Jesús, Su muerte en la Cruz y Su resurrección. Dios nos ama más allá de toda comprensión. Él nos aprecia. Él quiere que regresemos a Él. Él quiere salvarnos en cuerpo, mente y espíritu. Él desea tener una relación íntima con nosotros. Y nosotros necesitamos urgentemente comunicar esta verdad en todas partes. Están en juego cuestiones eternas.

> **Dios el Padre nos ama con la más fundamental y profunda demostración de Su amor, que es la encarnación de Jesús.**

> "Porque de tal manera amó Dios al mundo, que ha dado a su Hijo unigénito, para que todo aquel que en él cree, no se pierda, mas tenga vida eterna" (Juan 3:16 RVR60).

Probar el amor del Padre por nosotros, y por el grupo de adictos en rehabilitación con quien comparta esta charla, es desafiante, pero es *muy* importante. Lograr avances en esta área requiere de mucha oración, compasión, buenas ilustraciones y preparación bíblica para su charla.

Oración por el Orador y la Charla
Padre Precioso:

Te pido por la persona que se prepara para este tiempo de compartir sobre Tu carácter y amor. Que sea lleno con un profundo entendimiento de Tu cuidado específicamente para él/ella. Que el recuerdo de Tu pacto con Cristo en el Calvario por nosotros, llene su corazón. Que cada palabra de la escritura que declara que "la misericordia del Señor es para siempre", que cada palabra de cada canto de adoración que alaba Tu corazón paternal, venga a la memoria de este orador mientras él/ella se prepara para compartir las buenas nuevas de que Jesús vino a revelar el *corazón* del Padre. Como Jesús fue y es, así eres Tú. Y podemos confiadamente acercarnos a Tu trono de gracia como creyentes, esperando sólo dos cosas: misericordia y gracia. En el nombre de Jesús. Amén

Ejemplo de Charla: (Recuerde, utilice sus propias historias y ejemplos como desee).

Introducción

La Biblia nos dice que Dios es Uno, pero Él mismo se presenta a nosotros como tres personas. Se conocen como el Padre, el Hijo y el Espíritu Santo. Esta noche, simplemente quiero hablar del Padre. Pero hablar de Él y usar la palabra "Padre" puede causar problemas para algunos de nosotros. Permítanme contarles mi propia experiencia.

Al igual que muchas personas, tuve problemas en la relación con mi padre, en realidad, con ambos padres. Me sentía ignorada, como usualmente les pasa a los hijos del medio que se portan bien, y criticada por flaca y por ser una chica tímida que nunca parecía actuar o mirar directo a sus ojos. De niña, yo no era muy impresionante. Parecían estar decepcionados.

Mi padre era casi como un volcán. La mayor parte del tiempo, era pacífico, pero ocasionalmente, estallaba. Cuando caminaba como un bólido por el pasillo porque había un radio demasiado alto o se comportaba de alguna otra manera amenazante, le temíamos. Recuerdo que una vez estaba tan enojado conmigo que trató de golpear mi mano con su tenedor y rompió mi plato en dos pedazos.

Dicho esto, él era mayormente un buen hombre, trabajador, lo que distante y a menudo ausente físicamente porque estaba en el servicio militar. Tenía gran presión de su trabajo, y de él mismo, a causa de su deseo de complacer a su padre.

Los anhelos frustrados que yo tenía por el amor de mis padres eran muy fuertes. Recuerdo abrazarme fuertemente a mi madre cuando salí para la universidad, llorando, y perder 34 libras en aquellos días víspera de la separación.

Ustedes tienen sus propios recuerdos, e indudablemente algunos, o muchos, son de una soledad y un rechazo aún peores que los míos. A veces, esas experiencias con nuestros padres u otros adultos moldean nuestra forma de pensar acerca de Dios. Pensamos que Él tiene las mismas características de frialdad. Pensamos que Él abandona, castiga o no nos protege.

Y, sin embargo, el corazón y el carácter de Dios son muy diferentes al de nuestros padres humanos, que pueden haber sido terribles o quizás como los míos, simplemente tratando de hacer las cosas como mejor sabían. Cuando era una madre joven, recuerdo discutir con mis padres una noche y decirles cuánto me había lastimado su rechazo. Estaban de visita en nuestra casa y al día siguiente mi padre bajó y solo puso sus brazos alrededor de mí. Él no discutió conmigo o se defendió. ¡Cuán precioso fue ese momento de bendición paternal! Sin hablar, él estaba diciendo: "Yo SÍ te amo y lo siento". Con el pasar de los años, él se volvió más tierno.

Necesitamos tan desesperadamente la bendición de un padre en nuestras vidas.

Tengo que decir que desearía haberle dicho más veces a mi padre: "Te amo y aprecio. Perdóname también". Quiero decirles que cada vez que sea posible se reconcilien con las personas que forman parte de sus vidas, especialmente los miembros de la familia, especialmente los padres. Si es posible, encuentren una manera de perdonar y pedir perdón. Experimentarán tanta libertad después que lo hagan.

Pero ahora, vamos a continuar nuestra charla sobre Dios como nuestro Padre. Esta es la vida que podemos tener con Él según la Biblia:

…Nunca se sentirán huérfanos, porque cuando Él se levanta en nosotros, nuestro espíritu se une a Él para pronunciar las palabras de tierno afecto: "¡Padre Amado!". Porque el Espíritu Santo hace que la paternidad de Dios sea real en nosotros al susurrar a nuestro ser interior: "¡Tú eres un hijo de Dios amado!" (Romanos 8:15-16 TPT, versión solo en inglés).

Nunca se sientan huérfanos

Esta hermosa versión de Romanos 8:15-16 nos dice algunas cosas maravillosas sobre cómo tiene que ser nuestra relación con Dios el Padre. En primer lugar, afirma: "Nunca nos sentiremos huérfanos" con Él.

Algunos de ustedes aquí hoy son huérfanos. Quizá no literalmente, pero pueden tener una madre y un padre que no han estado en sus vidas por mucho tiempo. Dios no hará eso con ustedes. Ustedes nunca se sentirán huérfanos con Él. Nunca estará ausente de sus vidas. Esa es la promesa de la Biblia.

Quizás ha estado sin hogar, viviendo en las calles. Quizás ha ido de un lugar adoptivo temporal a otro. Sus padres pueden haber perdido o renunciado a su custodia. Puede que haya sido muy maltratado por uno o ambos padres, o por los padrastros o por los novios/as de sus padres.

No importa cuál sea su historia, con Dios es diferente. Nunca le dejará huérfano o le hará sentir como huérfano. Usted no va a ser como un hijo adoptivo temporal con el Padre. No, Su deseo es que usted se sienta totalmente amado y que pertenece completa y legítimamente a Él.

Cuando usted nace de nuevo, es decir, cuando acepta a Jesucristo, usted nace espiritualmente en la familia de Dios, y entra en ella como un verdadero hijo o hija. Se establece como un miembro de la familia. Es eterno. Para siempre. Siempre.

Dios dice en Su Palabra: "Con amor eterno te he amado; por eso te sigo con fidelidad". (Jeremías 31:3 NVI) Él dice: "¿Puede una madre olvidar a su niño de pecho, y dejar de amar al hijo que ha dado a luz? Aun cuando ella lo olvidara, ¡yo no te olvidaré!". (Isaías 49:15 NVI) Y está escrito en los Salmos: "Aunque mi padre y mi madre me abandonen, el Señor me mantendrá cerca". (Salmo 27:10 NTV) Dios es un Padre que nunca lo abandonará. Incluso si usted no lo puede sentir, Él está allí.

Él es un Padre que nos ama totalmente. Dios es amor. (1 Juan 4:16 NVI) Amor es quién Él es y es la atmósfera que Él trae a nuestras vidas. El amor es el aire del cielo.

El Espíritu Santo Aumenta en Nosotros

Usted puede estar diciéndose a sí mismo: "Me hirieron tanto, nunca voy a superarlo. Yo no confío en nadie, y ciertamente no confío en Dios.

¡Amor! ¡Bah!".

Quiero que entiendan que la promesa del evangelio es que cuando decimos sí a que Jesús dirija nuestras vidas, cuando nos arrepentimos sinceramente y recibimos Su perdón, la siguiente cosa que Él desea es que tengamos a Dios en la persona del Espíritu Santo morando en nosotros. Sí, el Espíritu Santo estará en ustedes es Su promesa para nosotros. Jesús dijo: "porque vive con ustedes y estará en ustedes" (Juan 14:17 NVI). Jesús fue aún más lejos y dijo: "El que me ama, obedecerá mi palabra, y mi Padre lo amará, y haremos nuestra morada en él" (Juan 14:23 NVI). ¡Ahí está! ¡Padre, Hijo y Espíritu Santo estarán con nosotros cuando creamos y confiemos!

La buena noticia es que Dios nos cambia de adentro hacia afuera. La persona triste, amargada, decepcionada o desconfiada que usted pueda haber sido va a ser cambiada por una persona confiada, cariñosa, amable y conectada con Dios. La Biblia dice, "Como el Espíritu se levanta en nosotros…" En otras palabras, como el Espíritu Santo influye en nuestros corazones y mentes y nos ablanda al cicatrizar las viejas heridas, usted va a poder decirle a Dios: "¡Padre Amado, Abba!". "Abba" era una palabra que Jesús usó y significa papá.

Cuando usted pueda decirle a Dios: "Padre, Amado, Papá", usted sabrá que el Espíritu ha obrado profundamente en su corazón, separando sus conceptos acerca de los padres humanos de los de Dios, quien no es para nada como los padres humanos. Él es puro amor, pura bondad, pura fidelidad, pura justicia. Él es todo lo maravilloso. Él es un papá maravilloso. El Espíritu Santo le ayudará sobrenaturalmente a llegar al punto donde usted pueda sinceramente sentir esas cosas sobre Dios y decirlas.

Hace que la Paternidad de Dios sea Real

¿Por qué? Porque el Espíritu Santo le ayudará a hacer que la paternidad de Dios –su manera de ser padre– sea real. ¿Qué significa eso? El Espíritu Santo nos ayudará a leer la Biblia y leer sobre el corazón de Dios. Él le ayudará a ver la verdad acerca de Dios.

Cuando yo era una jovencita, sabía las historias bíblicas y había crecido en la iglesia, pero yo no *CONOCÍA* a Dios personalmente ni *CONOCÍA* la Biblia. Encontré realmente a Dios a través de Cristo cuando era una joven adulta. Entonces comencé a escudriñar la Biblia. Al principio fue difícil. Agarraba la Biblia buscando consuelo y me parecía que no podía encontrarlo. Pero poco a poco, el Espíritu Santo obró en mi corazón y mente. Él me ayudó a entender las historias. Me dio versos especiales que me llenaban de esperanza y corage y paciencia. Empecé a ver el amor de Dios a través de las escrituras. Lo experimentaba cada vez más. Empecé a entender el costo de lo que el Padre había hecho para llegar a nosotros a través de su Hijo Jesús. Comencé a ver la gloriosa relación que podemos tener con el Espíritu Santo. Sí, poco a poco, comencé a ver cómo Dios tiene muchas promesas para nosotros en Su Palabra, con un gran deseo de cuidar a Sus hijos. Escuche estas hermosas palabras al principio del Salmo 91 (RVA-2015):

> El que habita al abrigo del Altísimo morará bajo la sombra del Todopoderoso. Diré yo al SEÑOR: "¡Refugio mío y castillo mío, mi Dios en quien confío!".

Un buen padre protege a sus hijos. Dios es un protector, un defensor. Eso es lo que dice el Salmo 91. Dios es un lugar seguro, una fortaleza, un refugio donde estamos protegidos. Él es fuerte.

Un buen padre enseña y aconseja a sus hijos. El Salmo 32:8 habla del corazón de Dios para enseñarnos y guiarnos: "Te haré entender, y te enseñaré el camino en que debes andar; Sobre ti fijaré mis ojos".

Un buen padre perdona y ama a sus hijos. Juan 3:16 nos dice que "De tal manera amó Dios al mundo que dio a Su Hijo unigénito, para que todo aquel que en él cree, no se pierda, mas tenga vida eterna".

Yo podría continuar con muchos otros versículos que nos dicen cómo nuestro Padre celestial perfecto cumple todas las funciones de un excelente padre de la manera en que entendemos que debe ser la paternidad. Nuestras mentes no tienen la capacidad necesaria para entender todo lo que Dios es y todo lo que Él hace.

Pero hablemos de nuestra identidad como hijos amados de Dios.

Hace que Nuestra Identidad como Hijos Amados sea Real

Una de las grandes frases para considerar en la Biblia está en Juan 17:23. Es un registro de Jesús orando al Padre pidiéndole que "el mundo sepa que los amas tanto como me amas a mí" (NTV).

Esa es una declaración absolutamente extraordinaria que no debemos pasar por alto. Jesús estaba diciendo que el Padre nos ama a cada uno de nosotros como mismo ama a Jesús. "Eso no puede ser", pensamos. "Yo no soy lo suficientemente bueno. Él no me ama como a Jesús. Yo no merezco eso".

Y usted tiene razón y yo también. No nos lo merecemos. De eso se trata la cuestión. Dios es totalmente diferente a nosotros. Decimos: "Te amo si das la talla," y nunca nadie da la talla. Realmente no. ¿Cierto? Nos decepcionan y nosotros decepcionamos a otros. Pero Dios es amor. Él no cambia. Él no da Su amor y luego lo arrebata. Él no nos da amor basado en nuestras acciones, sino por la generosidad de Su gran corazón. Él es el amor.

La Biblia dice: "¡El fiel amor del Señor nunca se acaba! Sus misericordias jamás terminan. Grande es su fidelidad; sus misericordias son nuevas cada mañana" (Lamentaciones 3:22-23 NTV).

Si llegamos a entender eso, todo cambia completamente. Dejaremos de pelear, de ser celosos, de codiciar las vidas y las cosas de otras personas. Nos daremos cuenta de que Dios el Padre nos ama como ama a Jesús, y podremos suspirar con alivio y descansar en Sus brazos. Podremos ser pacientes. Él no nos dejará. Él cuidará de nosotros. La ayuda está en camino. Él nos ama aún cuando nosotros metemos la pata y caemos. Él permanece. Él permanece. Él permanece. Y Él ve lo mejor de nosotros y está obrando para sacarlo a la luz. Dios es tan pero tan bueno.

Para concluir, quiero orar algo que el apóstol Pablo escribió y se encuentra en la Biblia. Fue escrito a una iglesia en la ciudad de Éfeso. Esto es lo que él dijo, y también es para ustedes y para mí:

> Cuando pienso en todo esto, caigo de rodillas y elevo una oración al Padre, el Creador de todo lo que existe en el cielo y en la tierra. Pido en oración que, de sus gloriosos e inagotables recursos, los fortalezca con poder en el ser interior por medio de su Espíritu. Entonces Cristo habitará en el corazón de ustedes a medida que confíen en él. Echarán raíces profundas en el amor de Dios, y ellas los mantendrán fuertes. Espero que puedan comprender, como corresponde a todo el pueblo de Dios, cuán

ancho, cuán largo, cuán alto y cuán profundo es su amor. Es mi deseo que experimenten el amor de Cristo, aun cuando es demasiado grande para comprenderlo todo. Entonces serán completos con toda la plenitud de la vida y el poder que proviene de Dios (Efesios 3:14-19 NTV).

Amén. Él nos ama. Oh, ¡cuánto nos ama!

Preguntas Para los Grupos Pequeños

1. ¿Qué recuerdos tiene de su propio padre o padrastro? ¿Y de otros parientes varones?

2. ¿Estos recuerdos hacen que sea difícil para usted llamar a Dios Padre?

3. ¿Por qué cree que Jesús modeló para nosotros el llamar a Dios Padre?

4. Si usted creció sin un padre, ¿le ayudará llamar a Dios Padre? ¿Aliviaría eso el vacío en su corazón a causa de la ausencia de su padre?

5. Hebreos 13:5 (RVC) nos dice esto: "Porque Dios ha dicho: "No te desampararé, ni te abandonaré". ¿Cómo se puede tener confianza en que estas palabras son verdaderas? ¿Qué puede ayudarle a creerlas?

2

Jesús y la Cruz

Versículos Claves

Al que no conoció pecado, le hizo pecado por nosotros, para que fuéramos hechos justicia de Dios en Él (2 Corintios 5:21 LBLA).

¡Cuán admirable amor, oh mi ser, oh mi ser!

¡Cuán admirable amor, oh mi ser!

¡Cuán admirable amor, que hizo que el Señor

Soporte maldición por mi ser, por mi ser;

Soporte maldición por mi ser! – Himno, autor desconocido

Asuntos a Considerar por el Orador

Como sucede con muchas personas, puede que el adicto no esté realmente consciente del evangelio de Jesucristo. Cuando usted gentilmente pone a prueba la condición de su fe y le pregunta acerca de ella, su respuesta podría ser: "Oh, sí, yo conozco de Dios y estoy empezando a confiar más en Él", pero esa mezcla de superstición y confusión acerca de Dios no refleja el pensamiento de alguien nacido de nuevo, regenerado y lleno de fe. No parece alguien que conoce a Jesús personalmente y SABE que ha pasado de muerte a vida a causa de la cruz. Es importante señalar, sin embargo, que existen algunos creyentes nacidos de nuevo que luchan con la adicción, incluso después de aceptar a Cristo. Usted pudiera tenerlos en su grupo. El problema con ellos puede ser que necesitan crecer espiritualmente –recibir el bautismo del Espíritu Santo, ser ministrados en sanidad interior, y/o ser discipulados por creyentes maduros– juntamente con la cura que ofrecen los programas de tratamiento.

La mayoría de la gente se siente atraída por las historias de la vida humana de Jesús, Su amabilidad, Su ministerio de sanidad. Pero Él no era sólo un hombre ejemplar. Él era Dios que se hizo carne con una misión primordial: morir por los pecados de la humanidad y restaurar la identidad de "hijo de Dios" para cada creyente. La escena de la cruz debe explicarse detenidamente. El hecho de que fue Dios quien "estaba en Cristo, reconciliando al mundo consigo mismo" (2 Corintios 5:19 NTV) debe analizarse de manera clara y detallada. Dios mismo estaba clavado en esa cruz en la forma del Hijo. Ese es un concepto con el que muchas personas tienen dificultad ya sea que estén en recuperación o no. La noción de que Dios es uno, pero al mismo tiempo es Padre, Hijo y Espíritu Santo, como mencionamos en el capítulo anterior, puede ser difícil de comprender. La idea de Dios muriendo por nosotros, tomando nuestro lugar para librarnos de la muerte eterna, y al mismo tiempo satisfacer la justicia, es un acto de generosidad que la mente promedio no puede reconciliar, mucho menos la mente de alguien que rara vez, si acaso, ha conocido a alguien digno de confianza. Y, sin embargo, esa es la verdad que debemos transmitir en un lenguaje sencillo y lógico:

> Dios lo ofreció (a Cristo) como un sacrificio de expiación que se recibe por la fe en su sangre (Romanos 3:25, NVI).

Muchos han diluido esa noción, y minimizado la voluntaria muerte vicaria de Cristo en la cruz a que simplemente Él nos estaba dando un ejemplo moral de cómo mostrar un corazón noble. Ellos dicen: "Tenemos que imitar Su ejemplo de generosidad". O comparan Sus ejecutores romanos a regímenes intimidantes a lo largo de la historia que siempre han aniquilado a los héroes que les hacen resistencia. Ellos ignoran que Jesús dijo: "¿No sabes que yo puedo pedirle ayuda a mi Padre, y que de inmediato me enviaría todo un ejército de ángeles para defenderme?" (Mateo 26:53 TLA). Su muerte fue un acto voluntario. Y no entienden que Él hizo algo por nosotros que no podría lograrse de ninguna otra manera y ciertamente no por nosotros. Algunos resisten la escena de la cruz porque el concepto del Padre ofreciendo al Hijo como un sacrificio por la expiación representa un reprensible abuso infantil para ellos, por lo que no pueden reconciliar esa explicación.

> **Muchos han diluido esa noción, y minimizado la voluntaria muerte vicaria de Cristo en la cruz a que simplemente Él nos estaba dando un ejemplo moral de cómo mostrar un corazón noble.**

Olvidan que, en realidad, era Dios clavado en la cruz, Dios en la forma del Hijo.

La interpretación moderna de la muerte de Cristo como un simple ejemplo moral disminuye la gravedad del pecado, la esperanza de que pueda ser eliminado de nuestras vidas y la capacidad que exclusivamente

Dios posee de arreglar una vez más al mundo caído. También niega la profundidad de la gracia y de la gloriosa naturaleza de Dios para solucionar nuestra situación al ser nuestro sustituto. *Jesús murió para absorber todo el pecado, toda la enfermedad, todo el sufrimiento y para ofrecer a todos aquellos por los cuales Él murió, Su vida resucitada, Su profundo amor y poder.* Su muerte fue el cumplimiento de varias profecías contenidas en el Antiguo Testamento.

Considere estas palabras:

"Dios nos escogió en él (Cristo) antes de la creación del mundo, para que seamos santos y sin manchas delante de él" (Efesios 1:4 NVI).

"Él (Cristo) es el sacrificio por el perdón de nuestros pecados, y no solo por los nuestros, sino por los de todo el mundo" (1 Juan 2:2 NVI).

Todos los beneficios del sacrificio voluntario de Jesucristo pueden pertenecer a todo aquel que simplemente confíe en Él y reciba Su obra en la cruz. Son buenas noticias que Dios haya hecho eso y que tome la iniciativa en darnos un nuevo espíritu y en poner Su Espíritu en nosotros al momento de la regeneración, mejorando así nuestro ser interior.

Necesitamos Su poder y Su gracia para navegar por esta vida. El pastor Samuel Chadwick, dijo una vez: "La religión cristiana es inútil sin el Espíritu Santo." [2] Jesús nos envía el Espíritu Santo después que lo hemos recibido a Él como Salvador y Señor y hemos pasado de muerte a vida. Él dijo:

> Les digo la verdad, todos los que escuchan mi mensaje y creen en Dios, quien me envió, tienen vida eterna. Nunca serán condenados por sus pecados, pues ya han pasado de la muerte a la vida (Juan 5:24 NTV).

Les digo a aquellos en recuperación que frecuentemente han pasado tiempo en la cárcel, que "la orden judicial era para nosotros. Tenía nuestro nombre. Jesús tachó nuestro nombre y puso el suyo en la orden judicial. La pena de muerte que era para nosotros se le otorgó a Él, y murió en nuestro lugar, voluntariamente". Órdenes judiciales, arrestos y condenas; muchos entienden. Entonces, la idea de Jesús muriendo por nosotros y dándonos vida nueva comienza a afianzarse.

El pastor Joseph Prince lo dice de otra forma, pero de una manera que puede ser escuchada por muchos adictos en recuperación: "¿Cuál es la buena noticia? Es que Dios nos ama tanto que dio a Su hijo para que fuese maltratado en nuestro lugar y así podamos tener Sus bendiciones sin tener que sacrificarnos por ellas." [3]

El problema con la interpretación de la cruz como un "ejemplo moral" es que cuando tenemos que seguir un buen ejemplo (Jesús) e intentar imitar sus acciones, nos esforzamos por alcanzar la perfección a través de nuestros esfuerzos y competimos con otros para parecer mejores en ser buenos. Es una interpretación de la cruz tan pobre y destructiva en comparación con la enseñanza de la Biblia:

"Siendo aún pecadores, Cristo murió por nosotros" (Romanos 5:8 RVR60).

La justicia por obras y por esfuerzos humanos nos saca del territorio de la gracia y la bendición y nos aleja de la fe cristiana.

"Porque por gracia ustedes han sido salvados mediante la fe; esto no procede de ustedes, sino que es el regalo de Dios, no por obras, para que nadie se jacte" (Efesios 2:8-9 NVI).

Entonces, ¿quién era Jesús?

Para contestar esa pregunta a plenitud deben usarse muchas historias de lo hermoso que fue y es nuestro Salvador. Historias de sanidades, historias de enseñanzas, los eventos de la cruz y la resurrección, todas son importantes al contestar. Pero, ya que la culpabilidad, la vergüenza y la falta de esperanza en que la vida pueda ser diferente son los rasgos distintivos de la lucha de los adictos, es muy importante enseñar sobre la gracia implicada en la muerte y resurrección de Jesús, es decir, que hubo un gran intercambio que tomó lugar en el Calvario.

"Al que no cometió ningún pecado, por nosotros Dios lo hizo pecado, para que en Él nosotros fuéramos hechos justicia de Dios" (2 Corintios 5:21 RVC).

Esa justicia se convierte en la cobertura y posición permanente de aquellos que con sinceridad reciben personalmente la obra de Jesucristo en la cruz. Es para aquel que dice: "Yo quiero seguir a Jesús ahora". Y junto con el perdón y un nuevo comienzo viene el poder del Espíritu Santo, a quien Jesús nos ha enviado para ayudarnos a vivir una vida cristiana.

Tener personas que puedan dar sus testimonios de su "antes y después" o compartir videos con testimonios de transformaciones radicales a través de la fe en Cristo, hace maravillas en provocar la fe de los oyentes para creer y recibir a Cristo.

Oración por el Orador y la Charla

Padre, te pido que este orador irradie toda la belleza y la verdad de que Jesús fue, y es, el amado de los cielos, crucificado. Como es cierto que "si el Hijo os libertare, seréis verdaderamente libres", oro por la libertad de la esclavitud de las drogas que Jesús traerá a quienes escucharán esta charla. Permite que el amor y la luz y el poder de la resurrección fluyan a través de este segmento de la enseñanza. Que el gozo y la paz de una relación con Dios a través de Jesús sean tangibles y reales. Que este orador pueda provocar el anhelo en el corazón de los oyentes por una intimidad con Jesús. Que cada persona pueda tener fe en Él como su Salvador y que puedan crecer "de gloria en gloria" para así reflejar a Jesús en el mundo. En el Nombre de Jesús. Amén.

"Por lo tanto, todos nosotros, que miramos la gloria del Señor a cara descubierta, como en un espejo, somos transformados de gloria en gloria en la misma imagen, como por el Espíritu del Señor" (2 Corintios 3:18 RVC).

Ejemplo de Charla:
Introducción

¿Qué necesitamos saber de Jesús?

Jesús ha cambiado a la gente. Jesús cambia a la gente. Lo he visto tan a menudo en gente siendo libres de las drogas. Cuando encuentran a Jesús, son libres.

Quiero compartirles uno de los testimonios que cambió mi vida y provocó que comenzara a ayudar a gente en recuperación. Es la historia de un hombre perdido en la adicción a las drogas después de haber sido bastante rico. Su testimonio fue presentado en un video durante un servicio de adoración al que asistí hace muchos años.

Ese hombre viajaba por su trabajo y había comenzado a involucrarse con las drogas en fiestas en distintos países. Poco después, ya no podía trabajar bien, lo despedían de todos los trabajos. Eventualmente, se arruinó y se quedó sin hogar, y andaba haciendo drogas en las calles de la ciudad de Nueva York.

Tenía una amiga, una mujer que era creyente. Ella seguía tratando de llevarlo a la iglesia. Incluso solía darle un poco de dinero, pero le decía: "Tienes que venir a la iglesia a buscarlo". Al principio, él se burlaba de Dios y de la fe. "Eso nunca va a suceder," decía. Luego, como la adicción comenzó a matarlo, se abrió a que Dios lo ayudara. Acabó en un hospital, terriblemente enfermo y escuchando unas voces burlonas horribles. Entre esas voces, sin embargo, había una que era dulce. Él escuchó a esa voz decir: "¡El día que invoques el nombre del Señor serás salvo!". ¿Era la voz de su amiga? ¿Era Dios? El hombre clamó: "¡Jesús, ayúdame, Jesús!" y de repente, las voces pararon.

Ese fue el momento decisivo. El hombre entró en recuperación cristiana y poco a poco, paso a paso, salió de la pesadilla que había sido su adicción a las drogas. Aceptó a Cristo. Jesucristo totalmente lo cambió y lo salvó. [4]

Y yo pudiera añadir que Jesús me ha cambiado drásticamente a través del testimonio de este hombre. Desde el momento en que vi el vídeo, mi vida tomó un nuevo rumbo y comencé a amar y ayudar a aquellos que están atrapados en la adicción. Me empecé a sentir atraída hacia la gente en la calle, en los refugios, en la cárcel, en las comunidades de transición. Jesús me impartió su amor y preocupación a través de este testimonio en video. Él me cambió a mi también.

¿Quién fue Jesús?

Eso es poder, ¿verdad? Jesús puede tomar la más desesperada de las situaciones, a la persona más enferma, perdida y confundida y restaurarla a su sano juicio y darle una vida de belleza, dignidad y propósito. Jesús puede hacer que queramos ayudar a otros con gran generosidad, que pongamos a los demás antes de nosotros y de nuestras necesidades. Él nos lleva a lugares en el ministerio que nunca imaginamos.

Oh, Él es asombroso, este precioso Salvador.

Y mientras Él está cambiando a las personas, no las avergüenza. ¿Conocen la historia en la Biblia de la mujer que fue sorprendida en adulterio? Sí, los peces gordos de la ciudad de alguna manera atraparon a esta mujer y descubrieron que le era infiel a su marido o el hombre con el que estaba le era infiel a su esposa. ¿Quién sabe exactamente qué era lo que estaba pasando? Esa parte no queda clara, pero la trajeron delante de Jesús.

En aquellos días, la ley de ellos decía –la ley religiosa judía– que el que fuese sorprendido en adulterio debía ser condenado a muerte por apedreamiento. No sabemos dónde estaba el hombre que estaba involucrado en esto. Solamente la mujer, temblando y aterrorizada, había sido traída ante Jesús.

Era una trampa. Los líderes que atraparon a la mujer y la llevaron ante Jesús, no estaban tan preocupados por su pecado. Odiaban a Jesús. Sentían celos de Él. Él era tan bueno, tan amable, y a la misma vez tan poderoso, y la gente lo amaba. Los gobernantes querían que Jesús dijera algo equivocado para avergonzarlo o algo peor. Entonces, le dijeron: "En la ley nos mandó Moisés apedrear a tales mujeres. Tú, pues, ¿qué dices?". Si Jesús les decía: "Sí, apedréenla", la gente reunida alrededor de Él que andaban en busca de misericordia y de esperanza, probablemente se hubieran ido. Pero, si les decía: "No respeten la ley", habría razón para acusarle y quizás inculparle de un crimen.

Jesús, quien se había sentado a enseñar, simplemente escribió en la arena por un momento. Luego se paró y dijo: "Aquel de ustedes que esté libre de pecado, que tire la primera piedra". Luego se inclinó y comenzó a escribir en el suelo de nuevo.

Uno por uno, los líderes religiosos y maestros de la ley soltaron sus piedras y se fueron. Ellos sabían que Jesús sabía todo de ellos. Todos tenían pecados. Ninguno era libre de ellos. La mujer se quedó sola con Jesús. Él le preguntó: «Y, mujer, ¿dónde están todos? ¿Ya nadie te condena?» Ella dijo: «Nadie, Señor.» Entonces Jesús le dijo: «Tampoco yo te condeno. Vete, y no peques más» (Juan 8:10-12 RVC).

Los evangelios en la Biblia (Mateo, Marcos, Lucas y Juan) están llenos de historias como esta de Jesús sanando los cuerpos y las almas de las personas, sacándoles del sufrimiento y del pecado y dándoles vida nueva. Estar cerca de Él era y es tan espléndido. Jesús trae sanidad, esperanza, propósito, libertad. Él hace nuevas todas las cosas para cualquiera de nosotros que le reciba en su corazón.

¿Por qué murió?

Pero, Su transformación de las personas no se detuvo ahí. Los milagros que hizo –sanidad a los ciegos, los sordos, los cojos, leprosos, etc.,– son impresionantes y continúan hoy en día, pero no fue lo más grandioso que hizo. Lo más grandioso que hizo, lo cual fue Su misión principal en la tierra, fue ir a la cruz y morir por toda la humanidad, para salvar a todos los hombres.

La muerte en la cruz era una horrible forma de tortura. Jesús fue azotado y atormentado primeramente y luego colgado en la cruz. Las personas que morían de esa manera se dejaban caer a causa de la debilidad y el dolor, y después, tenían que empujarse hacia arriba para respirar. Fue espeluznante y horrible. Y fue una muerte llena de vergüenza. Que Jesús, Dios hecho carne, se diera a sí mismo de esa manera por nosotros, es asombroso, pero demuestra la profundidad de Su amor y muestra cuán grave es el problema del pecado.

Dios es un Dios santo. No podemos estar con Él ahora o eternamente en el cielo sin que algo sea hecho por nuestro pecado. Los pecadores no pueden disfrutar de una relación con Dios, pero los salvos sí. Esto es lo que Jesús vino a hacer, ayudarnos a reconectar con Dios.

Escuche estas palabras del libro de Tito:

En otro tiempo también nosotros éramos necios y desobedientes. Estábamos descarriados y éramos esclavos de todo género de pasiones y placeres. Vivíamos en la malicia y en la envidia. Éramos detestables y nos odiábamos unos a otros. Pero, cuando se manifestaron la bondad y el amor de Dios nuestro Salvador, Él nos salvó, no por nuestras propias obras de justicia, sino por Su misericordia. Nos salvó mediante el lavamiento de la regeneración y de la renovación por el Espíritu Santo, el cual fue derramado abundantemente sobre nosotros por medio de Jesucristo nuestro Salvador. Así lo hizo para que, justificados por su gracia, llegáramos a ser herederos que abrigan la esperanza de recibir la vida eterna (Tito 3:3-7 NVI).

¿Qué Significa Eso para Usted y para Mí?

Vamos a tratar de hacer esto aún más claro. Usted sabe que la gente siempre ha usado el intercambio como una manera de conseguir lo que cada persona desea sin gastar dinero. Mi hija fue por un tiempo parte de un sitio web donde se podían conseguir cosas gratis. Ella consiguió muchas cosas de esa manera. Funcionaba así: la gente anunciaba cosas que tenían para donar y ellos a su vez conseguían cosas que los demás estaban donando. No había operaciones monetarias. La gente estaba intercambiando cosas unos con los otros. Era un sistema de intercambio. ¡Cosas gratis!

En la cruz, también hubo un intercambio que tuvo lugar. Sólo que en esa ocasión, no fue un intercambio fácil ni parejo. Jesús, por Su amor infinito hacia nosotros y Su deseo de reconquistarnos, tomó todos nuestros pecados en Sí mismo. Él los absorbió todos. Y Él también tomó nuestras enfermedades. "Por Sus llagas fuimos nosotros curados", dice en Isaías 53:5 (RVR60). Fue un momento angustioso y Él fue totalmente abandonado por el Padre cuando dijo: "Dios mío, Dios mío, ¿por qué me has abandonado?". (Marcos 15:34, DHH) En otro lugar de la Biblia dice que Él fue hecho maldición por nosotros, para que nosotros no tuviéramos que soportar ninguna maldición por nuestro pecado (Gálatas 3:13). Él recibió la maldición de nuestro pecado y nosotros la bendición que Dios había prometido desde tiempos antiguos. Hemos recibido Su vida pura y santa, disponible para nosotros. Hagamos una demostración para hacerlo aún más claro.

Tengo un paño blanco y una bolsa de tierra aquí. (Hacer una demostración puede ayudar a que la idea del intercambio se comprenda mejor).

¿Puede venir alguien al frente y sostener el paño blanco? (Cuando un voluntario pase adelante, puede continuar). Cuando Jesús murió en la cruz, lo que ocurrió fue esto. Imaginemos que este paño blanco en las manos de _____ es la justicia de Jesús. _____ va a ser Jesús para nosotros.

¿Cuál es la justicia de Jesús? ¿Qué significa esa palabra? Bien, usted podría suponer que, en parte, significa la bondad, la pureza, la impecabilidad de Jesús. La Biblia dice que Él no tuvo pecado. Pero la justicia significa también tener una relación correcta o buena relación con Dios. Jesús el hijo estaba "en relación correcta" con el Padre.

Ahora, tengo en mis manos una bolsa de tierra. Imagínense que esto sea mi pecado, pero más allá de eso, los pecados del mundo, de todos los que jamás han vivido o vivirán. En la cruz, Jesús quitó todos nuestros pecados, los pecados del mundo. Le voy a dar a nuestro actor la bolsa de tierra. Y en la cruz Jesús hizo posible que tuviésemos Su justicia, Su relación de amor con el Padre. Pero, no puedo obtener ese paño blanco, a menos que le de a Él la bolsa de tierra. Y no puedo tener el paño blanco a menos que diga: "Está bien, Jesús, voy a tomar de ti lo que sólo Tú puedes darme, perdón total y una nueva vida. Te daré mis pecados, mi arrepentimiento y mi vida. ¿Podrías darme Tu justicia, Tus bendiciones, Tu vida morando en mí?"

(Dele la bolsa de tierra al voluntario y tome el paño blanco. Si usted tiene un paño blanco grande, como una toalla o un mantel, sería bueno porque puede ponerlo alrededor de sus hombros).

Una vez que yo sinceramente recibo esta justicia, es un "manto" permanente que me pongo. Yo todavía puedo pecar y cometer errores, pero sigo siendo "La justicia de Dios en Cristo Jesús". Cuando Dios me mira, me ve vestido con la justicia de Cristo. Ahora, Él es para siempre mío, y yo soy para siempre suyo.

¿Y mis pecados (la bolsa de tierra)? Las Escrituras están llenas de promesas maravillosas acerca de lo que Dios hace con nuestros pecados cuando nos arrepentimos sinceramente, elegimos a Jesús, y dedicamos nuestras vidas a intentar permanecer fieles a Él.

Escuche la bondad de Dios para con nosotros:

"Nuestros pecados ha alejado de nosotros, como ha alejado del oriente el occidente" (Salmo 103:12 DHH).

[Dios dice:] "Y nunca más me acordaré de sus pecados y maldades" (Hebreos 10:17 TLA).

(Pídale a la persona que representa a Jesús que tome la bolsa de tierra y la tire a la basura). Esto es lo que Dios hizo con nuestros pecados en la cruz. Ahí fue donde toda su ira contra el pecado se manifestó. Él no está enojado con nosotros. Debemos apropiarnos de esa misericordia para con nosotros y creer que Dios elige olvidar nuestro pasado.

¿Cómo Puedo Tener a Jesús en Mi Vida?

Usted debe estar pensando: Eso suena bien. Que mis pecados sean perdonados, mi relación con Dios restaurada y recibir ayuda para ser una buena persona…yo quiero eso. ¿Cómo puedo obtenerlo?

Realmente es muy sencillo. Tome la decisión de seguir a Cristo. Eso significa que va a aprender tanto como pueda acerca de lo que significa ser cristiano. ¿Qué hace un cristiano? ¿Qué no hace un cristiano? ¿Qué está bien y qué está mal a los ojos de Dios? Esas son algunas de las cosas que aprenderá.

Pero esa vida comienza con decir sí a la Persona más maravillosa que jamás haya caminado sobre esta tierra. Simplemente empieza con creer y recibirlo. Quiero invitar a todos aquellos que han estado considerando hacer un compromiso con Jesús a que se levanten y pasen al frente. Queremos orar con usted y por usted. Voy a invitar a Jesús a su corazón y a orar para que reciba toda Su ayuda para cumplir sinceramente con este compromiso. Algo muy real ocurre cuando se hace esta oración. Puede que no sienta nada física o emocionalmente. Simplemente crea en las palabras de la Escritura de que algo muy real ocurre cuando seguimos estas instrucciones: "Si confiesas con tu boca que Jesús es el Señor y crees en tu corazón que Dios lo levantó de entre los muertos, serás salvo" (Romanos 10:9 NVI).

Pero escuche, aquí está lo más importante. Recibir a Cristo en su corazón por fe significa que está empezando una relación de amor que crecerá más y más profundamente a medida que le vaya conociendo y le permita tocarle con Su gracia y misericordia una y otra vez. La Biblia dice que Jesús vino a la tierra lleno de gracia y de verdad. Él va a mostrarle lo que es verdadero y justo. Él lo hará lleno de gracia (ayudándole en formas que no merece). El cristianismo, en su esencia, es simplemente como las palabras de la vieja canción infantil. Es creer esto: "Cristo me ama. Cristo me ama. Cristo me ama. La Biblia dice así".

Pase al frente. Vamos a orar.

Nota: Este es un ejemplo de oración de conversión:

"Jesús, he vivido mi vida sin ti. He vivido en pecado y en rebelión contra Dios. Quiero cambiar ahora. Creo que moriste por mí también. Por favor, entra en mi corazón y perdóname. Camina conmigo. Lléname de Tu Espíritu Santo. Quiero ser cristiano y servirte a ti y a los demás. Amén".

Nunca deje pasar la oportunidad de invitar a las personas a recibir a Cristo en su corazón por fe. Siempre habrá algunos de los que escuchen su charla que levantarán la mano o se pondrán de pie cuando usted haga la invitación para recibir a Cristo. No es algo anticuado. Él es la respuesta. Ofrézcalo a menudo.

Dígales: Después de recibir a Cristo, es muy importante estar con gente que le ayude a continuar siguiéndole. Bautícese en agua. Busque una buena iglesia con personas amorosas (no van a ser perfectos) que crean en la Biblia, que oren y adoren de todo corazón, que se cuiden unos a otros, y que alcancen al mundo con acciones buenas y desinteresadas. Busque una iglesia que honre al Espíritu Santo que Jesús prometió enviar para estar con nosotros en este tiempo. Él es la fuente de poder para el ministerio. Cuando encuentre una iglesia que le sea conveniente, únase a ella. Permanezca en ella lo más que pueda a menos que Dios le guíe a otro lugar. Puede que haya momentos en que le hieran en su iglesia. Lo más probable es que usted también herirá a otros. Aprenda a perdonar y a hacer las paces. Es ahí donde lo hará. Pero continúen creciendo juntos en Jesús. Continúe buscando personas llenas de amor. Como dicen algunos: "Tenga cuidado quienes son sus amigos porque usted se convierte en lo que ellos son". Encuentre buenos amigos cristianos para que todos puedan ayudarse mutuamente a ser como Jesús.

Preguntas Para los Grupos Pequeños

1. Cuando escucha o lee las historias de Jesús, ¿qué le atrae más de Él? ¿Qué le intriga más acerca de Él?
2. ¿Qué piensa usted acerca de la cruz? ¿Por qué Jesús murió?
3. ¿Cómo puede una muerte que ocurrió más de 2.000 años atrás afectarnos ahora? ¿Qué significa creer en Jesús y aceptar Su oferta de salvación?
4. Muchas personas piensan que están bastante bien y que eso será suficiente para llevarlos al cielo. ¿Cree usted en el cielo? ¿Qué cree que hace falta para estar allí?
5. Las personas hablan acerca de tener una relación con Jesús. ¿Qué cree usted que significa eso?

6. ¿Cuál es la diferencia entre la manera en que usted ha vivido y la manera en que realmente quiere vivir?

3

El Poder del Espíritu Santo

Versículos Claves

Cuando venga el Consolador, que yo les enviaré de parte del Padre, el Espíritu de verdad que procede del Padre, él testificará acerca de mí (Juan 15:26 NVI).

Pero, cuando venga el Espíritu Santo sobre ustedes, recibirán poder y serán mis testigos tanto en Jerusalén como en toda Judea y Samaria, y hasta los confines de la tierra (Hechos 1:8 NVI).

Asuntos a Considerar por el Orador

Como hemos comentado anteriormente, la teología en torno a la Trinidad debe analizarse de manera clara y detallada. Mucha gente, en las iglesias o fuera de ellas, adictos y no adictos por igual, tienen problemas para entender la idea de Tres Personas en un solo Dios, eso sin mencionar el carácter y las actividades de cada Persona de la Deidad. Como he dicho, la idea de la Trinidad que hemos recibido culturalmente es algo similar a esto: Jesús es un tipo muy agradable, pero se queda corto de ser divino; el Padre es gruñón y de temperamento irritable; y el Espíritu Santo es, bueno, extraño y es mejor casi no mencionarlo porque no lo comprendemos bien y es posiblemente peligroso.

Me encanta una historia que el pastor inglés, Nicky Gumbel, ha hecho en sus charlas de Alpha. Una mujer recién convertida, tocada por el Espíritu Santo, se pone muy entusiasmada durante el culto y comienza a gritar "Aleluya" y se pone de pie. Uno de los líderes de la iglesia corre hacia ella para ponerla bajo estricto control religioso y le dice: "Señora, usted no debe hacer eso aquí. Haga el favor de sentarse y controlarse". Ella responde: "Pero, ¡estoy tan emocionada! ¡Tengo devoción!". Él dice: "Bueno. No fue aquí donde la consiguió".[5]

Para muchos, su entendimiento del Espíritu Santo es estrecho, superficial o simplemente nulo. Es algo usual ir a muchas iglesias occidentales y oír hablar de Dios el Padre y Jesús el Hijo, pero el Espíritu Santo raramente se menciona. Usted probablemente notará que lo mismo sucede con las personas a las que está enseñando. Quizás nadie les ha enseñado mucho o los ha ayudado a experimentar la presencia del Espíritu. A menudo le digo a la gente que el conocimiento más profundo que yo recibí del Espíritu Santo en mis años en la iglesia tradicional fue escuchar: "En el nombre del Padre, del Hijo y del Espíritu Santo. Amén. Fin. ¡Tiempo de almorzar!".

Estoy bromeando, pero no había mucha enseñanza ni hambre por el Espíritu en los lugares donde crecí. El Espíritu parecía ser sólo parte de los lemas de la iglesia. Las iglesias a las que asistí de niña eran formales y amables, pero muy tradicionales y tranquilas. Íbamos allí para sentarnos en silencio y aprender a comportarnos. El Espíritu Santo era apagado totalmente. Muchos han sido formados con este mismo tipo de déficit del Espíritu Santo.

Por otro lado, algunas personas han tenido la experiencia opuesta. Han crecido en lugares con un deseo más profundo por el Espíritu Santo. Pero quizás, eso tampoco ha ido tan bien. Quizás tuvieron una experiencia con una iglesia pentecostal que los hizo sentirse incómodos a causa de su insistencia en que los encuentros con el Espíritu Santo debían ser todos de una misma forma. Quizá la gente se iba a un extremo tratando de fabricar experiencias con el Espíritu Santo o constantemente insistían en que un miembro que no estaba preparado hablara en lenguas inmediatamente. Haber tenido este tipo de experiencias agresivas puede hacer que la gente se aleje de lugares donde podrían volver a experimentar ese malestar espiritual de nuevo. Dios el Espíritu es relacionado con la incompetencia humana. [6]

Usted puede encontrarse con gente que le tienen miedo al Espíritu Santo simplemente porque han escuchado que las experiencias con Él pueden ser muy poderosas y tienen un poco de temor a la posibilidad de perder el control bajo la influencia del Espíritu. A pesar de haber experimentado una enorme pérdida de control a través del uso de drogas, esta pérdida de control espiritual sigue siendo un territorio desconocido. El temor a quedar mal es un gran temor.

Pero, no vamos a llegar a la cuestión del poder o las experiencias todavía. Comprender la resistencia y la ignorancia es importante para que podamos hablar sobre este aspecto de nuestra relación con Dios, pero vamos a hablar en primer lugar de los fundamentos. ¿Quién es el Espíritu Santo? ¿Cómo es Él? ¿Qué hace?

El Espíritu Santo es la tercera Persona de Dios. Él es Dios. Él es igual a Jesús y al Padre, y es digno de adoración. Él es tan tierno y amable. Es por eso que a veces se representa con una paloma. Sin embargo, también es más poderoso de lo que podamos imaginarnos. Y es por eso que a veces es simbolizado con el fuego. Él imparte poder, enseñanza, consuelo, amor, dominio propio, nuevas actitudes y destroza el pecado y los hábitos impíos. Él es, como Samuel Chadwick escribió, más que simplemente el ministro de consolación, es el "Consolador".

> Él es Cristo, sin las limitaciones de la carne y el mundo material. Él puede revelar lo que Cristo no podía hablar. Él tiene recursos de poder mayores que los que Cristo podía utilizar, y hace posible que hagamos obras mayores que Él. Él es el Espíritu de Dios, el Espíritu de Verdad, el Espíritu del Testimonio, el Espíritu de Convicción, el Espíritu de Poder, el Espíritu de Santidad, el Espíritu de Vida, el Espíritu de Adopción, el Espíritu de Ayuda, el Espíritu de Libertad, el Espíritu de Sabiduría, el Espíritu de Revelación, el Espíritu de la Promesa, el Espíritu de Amor, el Espíritu de Mansedumbre, el Espíritu de la Plenitud Mental, el Espíritu de Gracia, el Espíritu de Gloria y el Espíritu de la Profecía. [6]

Como podemos ver en las palabras anteriores del pastor Samuel Chadwick, existen muchas dimensiones sobre quién es el Espíritu Santo y cómo nos puede ayudar. ¡Y lo que Chadwick comparte es sólo el comienzo!

> **La vida de un creyente debe arder con poder y se supone que veamos y participemos en los milagros así como fueron comunes en el ministerio de Jesús.**

Sí, el Espíritu Santo es la fuente de gran poder. Juan el Bautista dijo que Jesús sería el que nos bautizaría con Espíritu Santo y fuego. Esas palabras significan que nuestro cristianismo puede subir a un nivel cada vez más alto, más íntimo con Dios, de más experiencia con Dios, de más capacidad para ministrar como Jesús. El Espíritu Santo hace posible ese crecimiento. Como Jesús prometió que haríamos obras "mayores, porque yo vuelvo al Padre" (Juan 14:12 NVI) y que "recibirán poder cuando el Espíritu Santo descienda sobre ustedes" (Hechos 1:8 NTV) podemos entender que hay más en la vida cristiana que simplemente hacer la "oración de fe", ser salvos y tener conocimiento de los principios cristianos.

Hay una vida preparada para nosotros similar a la vida de Jesús. La vida de un creyente debe arder con poder y se supone que veamos y participemos en los milagros así como fueron comunes en el ministerio de Jesús. El verdadero cristianismo es algo explosivo –explosivo de amor y sanidad– con experiencias. Y el Espíritu Santo es la clave para eso. A medida que entra en nosotros, nos habilita de manera sobrenatural para afectar significativamente al mundo que nos rodea. Son ese amor y poder los que demasiado a menudo son remplazados por reglas, esfuerzos humanos y juicios, como dije en la Introducción. El evangelio de Jesucristo queda sepultado bajo la religión humana y los espíritus religiosos. Las cosas se tornan muy secas. Creo que eso ha sido lo que ha alejado a innumerables personas, y sin duda a muchos adictos que buscaban ayuda, necesitaban a Jesús, pero se encontraron con rituales fríos y con rechazo. El cristianismo debe ser relacional y poderosamente transformador. El Espíritu Santo "quema" nuestras divisiones. Muchas iglesias saben eso y lo practican, pero también hay muchas que no lo hacen.

El ministerio del Espíritu Santo en nosotros es atraer nuestra atención hacia Jesús, quien también habita en nosotros por el Espíritu, hacernos más como Jesús, y llenarnos de amor, dones, poder y deseos de hacer la obra de Jesús. Él realiza las obras de Jesús a través de nosotros.

La verdad es, para aquellos que tienen miedo, que cualquier nivel de poder que experimentemos a través de la relación con el Espíritu Santo no nos incapacita de controlarnos a nosotros mismos. Permaneceremos en control. No hay que temer. Ministrar en el Espíritu Santo o tener un encuentro con el Espíritu Santo es un poco como surfear en una ola Podemos comenzar a movernos a la par del glorioso poder del Espíritu cuando "agarramos la ola", y podemos salir cuando lo necesitemos o cuando nos sintamos guiados a hacerlo.

La tarea del orador es hacer que el carácter, la obra y el efecto del Espíritu Santo morando en las personas sean muy claros e interesantes. En esta era, tenemos la <u>promesa</u> de que el Espíritu Santo estará con nosotros y en nosotros, que Él nunca nos dejará (Juan 14:16). Se nos ha dicho que nuestro "cuerpo es templo del Espíritu Santo, al que [hemos] recibido de parte de Dios" como creyentes (1 Corintios 6:19 NVI) .Él será nuestra ayuda, nuestro maestro, nuestro consolador, nuestra guía, nuestro poder, nuestro proveedor de dones/amor para ministrar a otros (1 Corintios 12:4-11), nuestro santificador, nuestro libertador. Él es quién hace que Jesús sea real para nosotros. Él glorifica a Jesús. Él es la persona más amable que jamás usted pueda conocer. Él es nuestro Amigo más querido pero también Él es Dios. Al igual que el Padre y el Hijo. Digno de la misma adoración.

Estas cosas y muchas más, debe compartir con sus oyentes. Prepárese para compartir sus propias experiencias y también para usar su concordancia, buscando todo lo que la Biblia pueda decirle acerca de quién es el Espíritu Santo, lo que Él hace, y cómo tener una relación con Él, de tal manera que usted pueda transmitirlo.

Es el Espíritu Santo quien nos capacita para recibir a Jesús (1 Corintios 12:1-3) y somos bautizados en el Espíritu después de la conversión, para convertirnos en testigos. También podemos recibir más llenuras en el futuro. La Biblia nos dice que "sigamos siendo llenos del Espíritu Santo". Ese es el verdadero significado de Efesios 5:18, que sigamos siendo llenos.

Si el tiempo lo permite, ayudarles a comprender el gozo de dar y recibir sanidad por el poder del Espíritu Santo es un maravilloso ejercicio. En una ocasión, mientras enseñaba en una cárcel de mínima seguridad sobre el poder y la sanidad de los dones del Espíritu Santo, uno de los hombres habló de su mano que había sido prácticamente destruida por fuegos artificiales. Tenía la mano entumecida y por lo tanto a veces destruía vasos desechables llenos de café, sin darse cuenta de que estaba apretando demasiado fuerte con su mano "muerta".

Hablé con los internos, personas tratando de recuperarse de la adicción, y les dije que quería que *ellos* le ministraran sanidad. "Vamos a pedirle al Espíritu Santo que restaure toda movilidad, que desaparezca el entumecimiento y que la mano sea totalmente restaurada".

Todos hicieron un círculo alrededor de él y hablamos palabras de sanidad en el nombre de Jesús: "Entumecimiento desaparece, sensación regresa, dedos muévanse, sanidad total". Le pedí que moviera la mano y dijo: "No parece estar diferente. ¡Gracias de todos modos! No hay esperanza para mi mano". La noche terminó.

No mucho después de eso, sin embargo, recibí un emocionado mensaje de uno de los líderes del grupo, quien me dijo: "Él dice que siempre se despertaba con el puño apretado y que pasaba trabajo para abrir su mano cada mañana. Ha comenzado a despertarse con su mano suelta y abierta y ha continuado experimentando más y más mejoría. ¡Él está esperando sanidad total!"

Usted debe entender que él no pensaba que algo iba a suceder. La mitad de la gente reunida alrededor de él hablando sanidad no creía que algo iba a suceder. Algunos estaban enojados con Dios debido a su encarcelamiento, muertes en sus familias, o debido a una variedad de cosas. Algunos tenían una fe débil, pero todos "hicieron el intento", y el Espíritu Santo, tan fiel a nosotros, tan poderoso, tan generoso, trajo sanidad en la desesperanza de una mano destruida por imprudencia, a través de un grupo compuesto principalmente de escépticos reacios.

Tenemos que entender que este *tipo de eventos poderosos orquestados por el Espíritu Santo, a menudo estimulan a la gente a abrirse a Dios en áreas donde no lo estaban antes.* La sanidad en el poder del Espíritu Santo debe ser una pieza central del ministerio cristiano.

> **Saber que Dios vive y que puede ayudar, dará fe a los que escuchan en que el flagelo de la drogadicción también puede ser eliminado totalmente y que pueden permanecer limpios.**

Ver milagros reales de Dios sanando y que haya restauración genera esperanza y expectativas. Saber que Dios vive y que puede ayudar, dará fe a los que escuchan en que el flagelo de la drogadicción también puede ser eliminado totalmente y que pueden permanecer limpios. No hay mejor momento para compartir esas ideas y experiencias que durante la charla sobre el Espíritu Santo. Aunque ser libre de las drogas es a menudo un proceso curativo, debemos decir que a veces, la santificación del Espíritu Santo puede totalmente eliminar los deseos por las drogas al instante. El cuerpo y la mente pueden ser liberados simultáneamente del espíritu de adicción y de toda dependencia mental y física. He visto y oído a los adictos dar este testimonio: "Fui totalmente libre cuando el Espíritu Santo vino sobre mí".

Es en esta era de la iglesia en la que Él puede habitar en todos nosotros si nos abrimos a recibir. Nuestros cuerpos son el templo del Espíritu Santo en esta era. Como el fuego cayó sobre el altar del Templo en el antiguo Israel, así debe caer en el altar de todos nuestros corazones cuando somos tocados y llenos del Espíritu. Esta es una revelación que cambia radicalmente a las personas, las comunidades y las naciones. El Espíritu Santo puede estar *en* nosotros. Un minuto de verdadera influencia del Espíritu Santo en una persona en recuperación puede hacer que las horas dedicadas a la consejería merezcan la pena.

Oración por el Orador y la Charla

Espíritu Santo, ven.

Te bendecimos. Te alabamos. Te agradecemos Tu presencia dentro de nosotros. Pero sabemos que podemos experimentarte más. Ven con Tu poder, ven con Tu gloria. Tenemos hambre de que estés en nosotros y sobre nosotros. Tenemos hambre de Tu presencia manifiesta. Te pedimos que nos ayudes. Te necesitamos tanto. Ser cristiano sin tu ayuda es imposible. Deseamos ser bautizados en Ti.

Puede que muchos de los que van a escuchar a este orador no estén familiarizados contigo. Ayúdales a escuchar las innumerables maneras en las que estás presente en la tierra para ayudarnos. Ayuda al orador a enseñar que estamos llamados a ser templos en los que Tú mores, de modo que podamos ser cambiados de adentro hacia afuera. Ayuda a cada persona a darse cuenta a través de esta charla, Espíritu Santo, que en un minuto, Tú puedes cauterizar todo hábito y costumbre impíos, haciéndonos completamente nuevos, así como Cristo.

Te damos la bienvenida. Ven, Espíritu Santo. Amén

Ejemplo de Charla:
Introducción

Hace muchos años, viajé al extranjero para una reunión de líderes cristianos. Yo había pasado una temporada tremendamente difícil en mi ministerio. Me sentía triste y agotada.

Uno de los oradores en esa sesión comenzó a hablar conmigo y me dijo: "Usted necesita hablar con _____, y mencionó a otro de los oradores, un hombre que era un líder cristiano muy famoso en todo el mundo.

Este hombre trajo a mi mesa a aquel famoso líder de más edad. Se sentó frente a mí, empujó los platos del almuerzo a la derecha y a la izquierda, se inclinó hacia delante, agarró mis manos y dijo con gran entusiasmo: "¡¡Oremos!!"

Le brillaban los ojos de tal manera. Sus palabras salieron con gran autoridad y seguridad. Parecía que rebosaba de un gozo inmensurable. Este hombre era un hombre guiado por el Espíritu. "Desbordaba" amor y certeza sobre Dios. ¿Quién podría estar triste o sentirse sin esperanza en su presencia?

Unos días después, yo estaba en una segunda reunión cerca de mi casa, donde otro muy conocido líder había viajado con algunos de los miembros del equipo de adoración de su iglesia. Quería darles las gracias por su liderazgo en las reuniones ya que todo lo que hablaban o cantaban estaba rodeado de paz y expresiones de aliento.

Lo vi cerca del mostrador de la anfitriona del restaurante del hotel y procedí a decirle unas breves palabras. Me estrechó la mano y se dio la vuelta bastante rápido. Estoy segura que tenía mucho que hacer. Y probablemente, muy a menudo las personas lo acorralaban para hablar con él. No me importó. Comencé a alejarme y fue ahí cuando sucedió. Sentí como una corriente de poder que se apoderaba de mí. Algo se había derramado a través de aquel gran hombre de oración en mí.

Me apresuré a mi habitación porque mis rodillas se estaban empezando a sentir débiles, como que apenas podía caminar. Una vez dentro de mi habitación, sólo me paré allí, temblando por el poder que fluía a través de mí. Esa experiencia duró muchos minutos. Era como que yo había metido el dedo en el enchufe eléctrico del universo. Algo muy poderoso de Dios me había sido impartido a través del toque de este hombre. Yo sólo estaba allí, temblando, diciendo: "¡Gracias Jesús!", porque la presencia de Dios en la habitación era tan palpable y real. También dije: "Lo siento, Jesús". ¿Por qué? Porque mi triste estado de ánimo en esta temporada era una indicación de que realmente no estaba confiando en Él. Los apóstoles en la Biblia fueron perseguidos y golpeados, pero su reacción fue regocijarse "por haber sido considerados dignos de sufrir afrentas por causa del Nombre", dice la Biblia (Hechos 5:41 NVI). Reconocí que necesitaba renovar mi confianza en Dios.

Cuando la sensación comenzó a disminuir, me quedaba un gozo tremendo –¡había sido tocada por Dios!– y tenía una nueva determinación para superar las luchas en las que me encontraba.

Ambas historias reflejan algunas de las cosas que el Espíritu Santo hace. Hablaremos más acerca de ellas en un momento, pero primeramente, ¿quién es el Espíritu Santo?

¿Quién es el Espíritu Santo?

La respuesta es simple. Él es Dios.

Al igual que el Padre y el Hijo, el Espíritu Santo es Dios. Él es parte de la Trinidad. Él es una persona. Dios es uno, pero se manifiesta a nosotros como tres personas diferentes, todas las cuales son mencionadas en la Biblia, todas las cuales son dignas de nuestra devoción y adoración.

Cuando Jesús llegó al final de Su ministerio en esta tierra, empezó a decirle a sus seguidores: "Les conviene que me vaya porque, si no lo hago, el Consolador (otro nombre para el Espíritu Santo) no vendrá a ustedes; en cambio, si me voy, se lo enviaré a ustedes" (Juan 16:7 NVI). Consolador significa nuestro Ayudador y Defensor, pero también significa representante de Jesús.

Se dice que el Espíritu Santo es como Jesús, pero sin piel. Él tiene el mismo corazón, pero puede estar en todo lugar con toda persona. En el Antiguo Testamento, después de leer la historia de la participación del Espíritu Santo en la creación, la mayoría son historias del Espíritu Santo viniendo ocasionalmente a unas pocas personas para ayudarles con cosas particulares que necesitaban hacer.

Todo eso cambió en el Nuevo Testamento con los acontecimientos que rodearon el nacimiento de Jesús y después de Pentecostés –el día que el Espíritu Santo llenó a los discípulos–. De repente, la profecía dada en el libro de Joel (Joel 2:28-32 NVI) de que en esta era, el Espíritu Santo se derramaría sobre toda carne tuvo lugar. "Los hijos y las hijas de ustedes profetizarán, tendrán sueños los ancianos y visiones los jóvenes". El Espíritu Santo ha venido en esta Era de la Iglesia y está disponible para ayudarnos a todos nosotros.

¿Qué Hace?

En las historias que he compartido con usted acerca de mi encuentro con dos colegas líderes durante una época de dolorosas dificultades, el Espíritu Santo obró a través de esos hombres de varias maneras.

1. Mantuvo al primer líder que oró por mí en la mesa durante el almuerzo lleno de <u>gozo</u>.

2. Le dio una constante actitud de <u>confianza</u> y de <u>regocijo</u>.

3. Le inspiró deseos de querer <u>ayudar a</u> una desconocida.

4. Le dio las palabras de <u>oración</u> que fueron claves y sirvieron de ayuda.

5. Me dio <u>aliento</u> y <u>paz</u> a través de nuestro intercambio.

Con el segundo encuentro, donde sentí <u>poder físico</u> fluyendo a través de mí, el Espíritu Santo:

1. Hizo posible la <u>impartición</u>. Poder vino a mí de parte de Dios el Espíritu a través del líder, cuyo contacto físico durante el apretón de manos me impartió poder.

2. El Espíritu Santo me ayudó a <u>ser consciente de la presencia de Dios</u> y Su ayuda a través de esa experiencia física.

3. Sentí que una <u>sanidad interior</u> de mis emociones ocurrió a causa de ese intercambio. Mi estado de ánimo se recuperó. Regresé a las reuniones <u>esperanzada</u> y dispuesta a avanzar. Me sentía <u>alentada</u>.

Considere todas esas cosas. ¡Y esa es sólo una breve lista! El Espíritu Santo sana tanto nuestro cuerpo como nuestra alma. Él nos hace conscientes de la presencia de Dios y de Su amor. Él hace que queramos ayudar a los demás. Él imparte aliento y esperanza. Él nos toca con poder y nos hace levantar la cabeza. ¡Oh, Dios mío!, ¡cuán gran amigo es el Espíritu Santo!

Él nos enseña acerca de Jesús y nos recuerda las palabras de Jesús. De hecho, Él se regocija más cuando Jesús está siendo glorificado. Él nos ayuda a crecer paso a paso. Pero, aquí está una de las cosas más impresionantes. Jesús dijo: "El Espíritu de verdad, a quien el mundo no puede aceptar porque no lo ve ni lo conoce. Pero ustedes sí lo conocen, porque vive con ustedes y estará en ustedes" (Juan 14:17 NVI).

¡Guau! En nosotros y con nosotros. Es ahí donde el Espíritu Santo estará.

Él Estará en Ustedes

Aquí está otro versículo que habla de esta verdad que el Espíritu Santo estará en ustedes:

El apóstol Pablo estaba dando consejos prácticos a las iglesias que él había fundado, que se encuentran en sus cartas en el Nuevo Testamento. Una de esas iglesias estaba en una ciudad llamada Corinto. Pablo estaba diciéndoles que no incurrieran en inmoralidad sexual porque nuestros cuerpos son muy preciosos para Dios. Les dijo así: "¿Acaso no saben que su cuerpo es templo del Espíritu Santo, quien está en ustedes y al que han recibido de parte de Dios?" (1 Corintios 6:19 NVI)

El Espíritu Santo puede estar en usted. Cuando usted entiende a plenitud esa verdad, todo cambia. Él puede venir más fuertemente sobre usted con más de Su presencia manifiesta, pero Él vive en los creyentes, especialmente de manera poderosa en aquellos que han sido bautizados en el Espíritu.

El Bautismo del Espíritu Santo

Para concluir, ¿qué significa ser "bautizados en el Espíritu Santo"? Las iglesias tienen diversas enseñanzas sobre cómo ocurre y qué es lo que sucede, pero basta con mirar lo que está escrito en la Biblia.

Cuando Jesús, al comienzo de su ministerio, llegó a donde estaba su primo Juan el Bautista en el río Jordán para ser bautizado junto a todos los que estaban allí, Juan estaba predicando: "Yo los bautizo a ustedes con agua para que se arrepientan. Pero el que viene después de mí es más poderoso que yo, y ni siquiera merezco llevarle las sandalias. Él los bautizará con el Espíritu Santo y con fuego" (Mateo 3:11 NVI).

Jesús ministraba lleno del Espíritu Santo durante Su ministerio. El Espíritu Santo vino sobre Él "como una paloma" cuando fue bautizado por Juan, y permaneció en Él. Pero el Espíritu Santo también le permitió ministrar con poder. Después de su muerte y resurrección, Jesús instruyó a sus discípulos a esperar en Jerusalén hasta que hubieran recibido el "don" o "la promesa del Padre". Este don resultó ser la poderosa llenura del Espíritu Santo que ocurrió en el día de Pentecostés en Jerusalén (Hechos 2). Después de aquella llenura y de las siguientes, los ineptos y a veces temerosos discípulos se convirtieron en hombres de poder y autoridad, aunque en su mayoría eran hombres comunes, campesinos y pescadores.

Cuando predicaban, la iglesia comenzó a multiplicarse potencialmente. La Biblia describe el poderoso efecto que tenían sobre la gente que les rodeaba. Fueron detenidos por los mismos hombres que organizaron la crucifixión de Jesús y les hablaron con denuedo de Jesús, el evangelio y la culpabilidad de los gobernantes. La Biblia dice que cuando estos gobernantes de Jerusalén "al ver la osadía con que hablaban Pedro y Juan, y al darse cuenta de que eran gente sin estudios ni preparación, quedaron asombrados y reconocieron que habían estado con Jesús" (Hechos 4:13 NVI).

¿Cómo podían los discípulos hacer esto, sabiendo que podrían terminar en la cárcel o en la cruz? La verdad es que todos menos uno del grupo de los doce de Jesús, excluyendo a Judas que se suicidó, murieron como mártires. Pero antes de morir, predicaron y enseñaron, evangelizaron y llevaron a cabo increíbles milagros curativos al igual que Jesús.

La respuesta es: "El Espíritu Santo moraba dentro de ellos". El Espíritu Santo les dio el denuedo, el poder, la autoridad, la sabiduría, y muchos otros dones para que pudieran difundir las buenas noticias de Jesús. Y se propagara como la pólvora, incluso hasta el día de hoy.

El Espíritu Santo sigue llenando a la gente hoy, dándoles coraje para hablar acerca de Jesús; dándoles poder para ministrar sanidad a otros. La gente se está sumando a la iglesia mundial en números increíbles, especialmente en Asia, África y América del Sur. "En 1900 había menos de 9 millones de cristianos en África. Ahora hay más de 541 millones". Eso es sólo un ejemplo de cómo la iglesia está creciendo. [7]

Lo que debemos recordar es que gran parte de ese crecimiento ocurre cuando actuamos como Jesús para el mundo que nos rodea, cuando nosotros, llenos del Espíritu tenemos el valor para hablar con denuedo, realizar actos de amor, ministrar sanidad, orar y movernos en poder. Necesitamos al Espíritu Santo. Ese ha sido siempre el camino de la Iglesia. Necesitamos el Espíritu Santo para hacer aquello que se asemeje a Jesús.

En esta noche, si le gustaría ser lleno del Espíritu Santo, queremos tener un tiempo de ministración por usted. En un momento le invitaremos a venir a orar al frente con el equipo de oración. (Dele instrucciones y ore por el grupo).

(Usted puede tener líderes allí que sean los que oren. Puede invitar a algunas personas de fuera de su ministerio para que formen el grupo de oración, pero permita que este sea un tiempo donde la gente le pida a Dios que los ministre. Puede guiarlos en esta sencilla oración a continuación. Pídales que repitan después de usted).

"Señor, sé que necesito Tu fuerza para vivir esta vida y para ayudar a otros. Me gustaría ser lleno del Espíritu Santo. Te lo estoy pidiendo ahora mismo. Tú has prometido que les darías el Espíritu Santo a quienes te lo pidan. Gracias, Padre, por haberme escuchado y responder a mi oración. En el nombre de Jesús, voy a recibir el Espíritu Santo. Amén"

Nota:

Dígales que ya sea que algo dramático o nada dramático ocurra, su trabajo es simplemente poner la fe en las palabras de la Biblia, que si le piden a Dios por el Espíritu Santo, Él es un buen Padre que lo enviará a nosotros (Lucas 11:11-13).

Mi propia experiencia del bautismo fue un enorme fluir de fuerza física con el hablar en lenguas. Algunas tradiciones dicen que esta es la evidencia del bautismo –hablar en lenguas– pero hay otros testimonios de diferentes líderes confiables e importantes por lo que debemos ser corteses en no hacer reglas acerca de lo que se debe hacer o lo que va a suceder. Solamente prepare a la gente para muchas posibilidades.

No se salte esta enseñanza ni el tiempo de ministrar para que las personas reciban el Espíritu. La Biblia es muy clara que un cristiano es una persona llena del Espíritu: "...si alguno no tiene el Espíritu de Cristo, no es de Cristo" (Romanos 8:9 NVI).

El Espíritu Santo no es únicamente una "opción" de las iglesias Pentecostales. Él es Dios. Él es para todos nosotros. Adorémosle y busquémosle como tal.

Textos Bíblicos Sobre el Bautismo con el Espíritu Santo:

Evangelios: Mt. 3:11, Mr. 1:8; Lc. 3:16, Juan 1:33; Hechos 1:5, 1:8, 2:1-4, 8:14-17, 9:10-19, 10:44-48, 19:1-9; 1 Cor. 12:1-11, 14:1-19

Preguntas para los Grupos Pequeños

1. ¿Cuánto sabía usted sobre el Espíritu Santo antes de venir a esta charla?

2. David Wilkerson y Jackie Pullinger son dos líderes que descubrieron que *orar por el bautismo del Espíritu Santo es clave en ayudar a la gente a ser libres y permanecer libres de las drogas.* ¿Conocer eso le anima a aprender más sobre el bautismo del Espíritu Santo, sabiendo que Dios quiere ayudarle de ese modo especial?

3. ¿Cree usted que un poderoso encuentro con el Espíritu Santo puede hacerle *libre*?

4. ¿Cree usted que un poderoso encuentro con el Espíritu Santo puede ayudarle a ministrar el Evangelio a otros? ¿Será más osado?

5. ¿Qué otras preguntas desea hacer acerca del Espíritu Santo?

4

Su Identidad en Jesús

Versículos Claves

Mas a cuantos lo recibieron, a los que creen en su nombre, les dio el derecho de ser hijos de Dios (Juan 1:12 NVI).

Pero ustedes son linaje escogido, real sacerdocio, nación santa, pueblo que pertenece a Dios, para que proclamen las obras maravillosas de aquel que los llamó de las tinieblas a su luz admirable (1 Pedro 2:9 NVI).

Ya no soy esclavo del temor, Soy un hijo de Dios.

Soy un hijo de Dios. – Ya No Soy Esclavo, Bethel Music, copyright 2014

Asuntos a Considerar por el Orador

Esta es un área donde se necesita concentrar mucha enseñanza. Muchos de nosotros no sabemos lo que tenemos en Cristo, en qué nos convertimos cuando aceptamos a Cristo; y la mayoría no sabemos lo que

Dios siente por nosotros y hacia nosotros. Es según Su propio propósito y amor que somos salvos (2 Timoteo 1:9). Por supuesto, no todos en su audiencia van a haber aceptado a Cristo. Algunos pueden ser de otra fe. Algunos, de ninguna fe. Esto es algo que usted tendrá que manejar, pero no sea tímido a la hora de presentar el evangelio y ofrecer oportunidades de recibir a Jesús.

Se dice que toda la escritura bíblica cristiana es una carta de amor que apunta a la revelación de Jesucristo, oculta en el Antiguo Testamento y revelada en el Nuevo. Esa revelación es que el plan soberano de Dios ha sido siempre restaurar nuestra posición con Él después de nuestra inmediata e inevitable rebelión en Su contra. Ese plan se ha caracterizado por Su búsqueda incesante de nosotros, dejando las noventa y nueve ovejas en el redil mientras Él viene a través de colinas y valles para encontrarnos a cada uno de nosotros, las ovejas perdidas, y llevarnos de regreso a casa (Lucas 15:4-7). Él viene no sólo para liberarnos del pecado, sino para restaurar la identidad destinada para nosotros desde la creación.

El evangelio, sencillamente, es que antes de la "Fundación del mundo", Dios tenía un plan para la redención de la humanidad. Esa redención se produciría como un acto de total gracia de Dios. No hay plan B. No hay una Columna A para los Bastante Buenos, una columna B para los Menos Buenos y una Columna C para los Totalmente Réprobos. Todos somos réprobos. "Todos nosotros nos descarriamos como ovejas" (Isaías 53:6 NIV).

Aunque toda la humanidad había caído – "Por cuanto todos pecaron, y están destituidos de la gloria de Dios" (Romanos 3:23 NVI), y "la paga del pecado es muerte" (Romanos 6:23 NVI), Dios buscó la forma de que fuésemos reconciliados con Él. Eso incluiría que Él mismo sufriría el castigo por nuestros pecados en forma de Jesús en la cruz. La resurrección sería la prueba vindicadora de que nuestros pecados, en efecto, habían sido cubiertos y quitados de nosotros por Dios el Hijo y podríamos estar ahora en la presencia de Dios, restaurados por Él, hallados por Él y llenos de Él.

A través de esta acción unilateral de Dios, tenemos la capacidad de tener una identidad como amados coherederos con Cristo (Romanos 8:17); habiendo sido huérfanos, ahora somos miembros plenos de la familia. Una vez que estamos en Cristo, estamos espiritualmente sentados en el trono en los lugares celestiales con Él (Efesios 2:6), un pueblo salvo por gracia, revestido de justicia. Se nos ha concedido una nueva posición y una nueva autoridad, si creemos en Jesús.

Muchos seguidores de Cristo no se ven a sí mismos de esta manera – absueltos del pecado y la culpa, hechos nuevamente inocentes por un Dios que elige lanzar nuestros pecados al fondo del mar y olvidarse de ellos– (Miqueas 2:19). Muchos se esfuerzan por ganarse el amor y la salvación del Padre que ya fue ganada por Cristo en el Calvario. Continúan con una actitud de culpabilidad, tratando de calmar sus conciencias con "obras muertas," (Hebreos 9:14 RVR60) en lugar de presentar la sangre de Cristo como la única ofrenda digna ordenada por Dios. Trabajan y se esfuerzan, confiesan y confiesan las mismas cosas, y no saben que una vez que se convierten a Cristo, sólo hay una identidad: amado, redimido, puro, impecable, hijo de Dios para siempre. El apóstol Pablo escribió: "Si la justicia se obtuviera mediante la ley (siguiendo reglas y rituales), Cristo habría muerto en vano" (Gálatas 2:21 NIV).

Pero, la cultura y la enseñanza en muchas iglesias llevó a la gente a esto. "Aceptaste a Jesús, hiciste la oración de fe, ahora a seguir trabajando". En esas iglesias donde no se honra al Espíritu Santo o no creen en el ministerio vigente de milagros de sanidad de Jesús, la justicia por obras puede ser la norma. Yo lo llamo el "síndrome de Marta" (Lucas 10:42).

Si recuerda, Marta, María y Lázaro eran tres hermanos que eran amigos de Jesús. En una ocasión, Jesús vino a su casa en Betania para socializar. María lo recibió a Sus pies para escuchar atentamente Sus enseñanzas, para recibir de Él. Todos podían hacerlo. María adoró a Jesús. Se sentía amada por Jesús. Pero Marta trabajaba y murmuraba y finalmente se quejó con Jesús: "Yo estoy haciéndolo todo, mientras mi hermana se sienta ahí".

Jesús le dijo: "María ha escogido la única cosa necesaria y no le será quitada". Marta podría haber recibido Su amor, aceptación y guía también, pero eligió cargarse a sí misma con un montón de tareas cotidianas, distracción y auto-esfuerzo. ¡Imagínese eso! ¡Jesús estaba justo allí en la habitación con ella!

Muchos cristianos llevan una vida como la de esta anécdota de la vida de Marta. Jesús está en la habitación con ellos también, pero cuando uno los ve, nunca puede notarlo. Ellos han aceptado a Jesús como su Salvador, pero han regresado a las obras, tratando de obtener la aprobación divina y la justicia por sus propios esfuerzos, como si nunca hubiera habido un Jesús. En realidad, ellos todavía están en incredulidad y en una forma de rebelión. Están asolados por el espíritu de religión.

Como señalamos anteriormente, Gálatas 2:21 (NVI) explica la insensatez de esto muy bien: "No desecho la gracia de Dios. Si la justicia se obtuviera mediante la ley, Cristo habría muerto en vano". Un comentario de la Biblia contiene esta nota: "Si podemos ganarnos la salvación obedeciendo la Ley, entonces la cruz está de más." [8]

Si hacemos obras basadas en nuestra identidad como amados y adoptados por Dios, es sólo un rebosamiento de confianza en Su amor por nosotros. El afecto y el gozo que sentimos sabiendo que somos suyos y totalmente amados por Él, rebosan hacia aquellos que nos rodean. Las obras se derraman de nosotros como un rebosamiento natural y alcanzan a otros. Es el poder del Espíritu Santo en nosotros. Estamos actuando como miembros de la familia de Dios, como sus herederos. Entender esto sobre nosotros mismos: "Ya llegué, no estoy tratando de llegar...Jesús completó la obra en el Calvario", puede ser difícil. Para el adicto, puede ser doblemente o triplemente difícil.

> **Si hacemos obras basadas en nuestra identidad como amados y adoptados por Dios, es sólo un rebosamiento de confianza en Su amor por nosotros.**

Si un toxicómano ha venido de un hogar abusivo, una vida de manipulación, o del crimen en las calles, su imagen de sí mismo es susceptible a ser extremadamente pobre, incluso para aquellos que parecen ser más bravucones. La idea de ser totalmente perdonados por gracia puede ser tan difícil de entender y la idea de ser hijos de Dios amados, *purificados* (por la sangre de Cristo) parece fuera de su alcance. En su interior pueden estar pensando: "Nunca me dieron nada de gratis. Tuve que luchar y esforzarme por todo. Yo jamás podré ser puro. He vivido una vida en la suciedad. Por eso es que siempre estaré dañado. Estoy muy sucio". Su confianza en Dios puede ser mayor que la que tienen hacia otras personas, pero todavía puede ser incierta y fácilmente sacudida. La culpa puede ser un implacable verdugo.

Pero, con una minuciosa explicación de "esta es la manera en que Dios quiere, esta es la forma en que Él lo hizo por todos nosotros, por gracia", poco a poco, puede llevarlos a una identidad que sólo viene de la bondad de Dios hacia ellos. Luchar contra el espíritu de orfandad, la sensación de un vacío interior, la continua culpa; todo eso es duro. Usted tendrá que explicar la identidad en Cristo muy cuidadosamente, y más de una vez.

Además, existe cierta tirantez entre la idea de una nueva identidad y una de las prácticas de recuperación de Alcohólicos Anónimos. Aunque este programa ha sido la vía principal para alcanzar sobriedad desde 1930 y originalmente tuvo un origen cristiano, ya no es exactamente el mismo de los primeros días de estudios bíblicos de Bill Wilson y el Dr. Bob Smith y el Programa Oxford. El Libro Grande tiene muchas cosas que están en concordancia con la Biblia, pero hay un concepto de A.A. que afecta la manera de pensar de los adictos en recuperación que debemos considerar.

A las personas que están en recuperación a través de A.A. u otros programas de los Doce Pasos se les enseña a presentarse siempre en las reuniones de esta manera: "Hola, soy _____. Soy un adicto, o soy un alcohólico".

La idea detrás de este tipo de presentación es que las personas no sean descuidados con su sobriedad, que recuerden para siempre el control que una(s) sustancia(s) química(s) tenía(n) sobre ellos y que sean debidamente serios sobre cuánto daño causó a su vida y a la de sus seres queridos. Tienen que permanecer alertas. Se dice a menudo que la recaída comienza semanas antes de lo que realmente sucede. No ser diligentes sobre su sobriedad, sus pensamientos y sus comportamientos puede lentamente conducirlos a ella. Hay mucha sabiduría y experiencia colectiva detrás de este enfoque.

Pero eso es, hasta cierto grado, contrario a la manera en que a los cristianos se les enseña a hablar de sí mismos. Reconozco que muchos cristianos se refieren a sí mismos como que todavía son "pecadores salvos por gracia". Pero en realidad, eso no es correcto tampoco. El cristianismo contiene la idea de que somos pecadores, pero si hemos llegado a creer en la obra salvadora de Cristo por nosotros y recibido su perdón y su gracia extendidos a nosotros desde la cruz, "somos una nueva creación". (2 Corintios 5:17 NVI). De hecho, una persona verdaderamente salva es realmente un santo, que permanece vestido de la justicia de Cristo, incluso cuando comete un fallo. ¿Todavía podemos pecar? Sí. Pero nuestra identidad es la de "una nueva creación" y la de alguien que se está volviendo cada día más como Cristo, "de gloria en gloria" (2 Corintios 3:18 RVR60).

Ahora, yo no niego que una sana y permanente preocupación por la recaída es importante, aunque creo que uno podría argumentar a favor de la posibilidad de que muchos pueden recibir total liberación de la adicción a través de la sanidad divina. La necesidad de estar siempre identificados con el pasado hace complicado el ayudar a la gente a entender que son salvos por gracia y la posibilidad de ser revestidos por Cristo. Yo soy "la justicia de Dios" en Cristo Jesús (2 Corintios 5:21 RVC). Es tiempo presente. Recibimos una nueva identidad o se restaura la identidad destinada para nosotros desde la creación. Ese es el mensaje del poder sobrenatural del evangelio.

Enseñar sobre la nueva identidad de ser un hijo del Rey que nos ayuda será un reto para usted cuando esté frente a un grupo de personas que están abandonando la adicción, especialmente si muchos son pobres, están actualmente encarcelados, o tienen antecedentes de estar en prisión. Pero a menudo mi experiencia ha sido que cuando entienden eso, se convierten en unos de los cristianos más consagrados que he conocido.

Una última palabra de advertencia. Al enseñar esta idea de la nueva identidad, esa extraordinaria y asombrosa identidad que recibimos en Cristo, es importante recordar y transmitir que el pecado sigue siendo grave. Un Dios Santo no puede tolerar el pecado. Es por eso que Él mismo previó la solución, la cruz, antes del comienzo de la creación. Me parece que a veces los maestros y los predicadores pueden enfatizar entusiastamente el amor de Dios sin reforzar el hecho de que el pecado sigue siendo inaceptable ante Sus ojos. Dos de las últimas áreas donde las personas le entregan el control a Dios son su sexualidad y su dinero. Y hay un sinnúmero de otras áreas donde podemos ceder y pensar: "Está bien si hago esto. Dios me ama". Sí, Él nos ama. Su amor va más allá de nuestra imaginación. Pero Él nos ama lo suficiente como para no dejarnos caer. Afortunadamente, el Espíritu Santo está constantemente hablando convicción, palabras que nos incitan a auto evaluarnos. Es mi oración que cuando esté enseñando y sienta una profunda compasión por las aflicciones de las personas en recuperación en su audiencia, pueda creer suficientemente en Dios y en la capacidad de los oyentes a los que les presentará esta maravillosa identidad en Cristo, junto a un continuo y cada vez mayor esfuerzo por la pureza bíblica –vidas consagradas. Se lo debemos al Señor quien murió por nosotros. Él es digno. Recompensémoslo por su sufrimiento.

Oración por el Orador y la Charla

Santo Padre, uno de nuestros grandes desafíos es sistemáticamente aceptar cómo Tú nos ves y obedientemente sustituir nuestra propia imagen con la tuya. Tenemos dificultad en entender que la salvación es un don gratuito. Lo único que nos pides que hagamos es creer en Ti. Somos tan propensos, después de años de vida, a menospreciarnos a nosotros mismos, y compararnos con otras personas con la esperanza de salir adelante.

Aunque secretamente, muchos de nosotros no esperamos salir adelante en mucho, o en nada. Ayuda a este orador a ser sano de toda herida en el alma relacionada a ser aceptado por Ti y por otros. Ayuda a este orador a comprender su lugar y su posición como hijo/a amado/a y a hablar de ello. Ayúdale a transmitir a sus oyentes la posibilidad de quedar totalmente convencidos de esta verdad: "Soy un hijo amado de Dios". En el nombre de Jesús. Amén

Ejemplo de Charla:
Introducción

Jesús les hizo una vez a sus discípulos una pregunta: "¿Quién dice la gente que soy yo?". Pedro, uno de sus discípulos, fue quien contestó correctamente la pregunta. Él dijo: "Tú eres el Cristo, el Hijo del Dios viviente". (Mateo 16:16 NVI) Jesús lo elogió y le dijo: "Esa no es una idea humana que tienes, Pedro. Eso es exactamente lo que soy. Recibiste eso directamente de mi Padre que está en los cielos".

Ahora, quiero hacerle una pregunta similar esta noche. Si alguien le preguntara sobre su identidad, ¿cómo hablaría de usted mismo? ¿Qué cosas le diría sobre usted? ¿Quién es usted? Jesús estuvo de acuerdo con Pedro que Él era el Cristo, el Mesías y el Hijo del Dios viviente. Si ha aceptado a Jesús en su corazón por fe, Él está en usted. Entonces, ¿cómo está hablando de usted mismo en estos días? ¿Quién es usted ahora?

Yo sé que como ustedes están en recuperación, muchos dirán: "Yo soy un drogadicto en recuperación". Quizás algunos de ustedes se describirán también con el trabajo que tienen, de donde vienen o si tienen familia o no. Algunos hablarán acerca de lo que está pasando en sus vidas y sobre su pasado.

Todas esas cosas son parte de dónde usted ha estado, quién es y lo que hace con su tiempo. Pero, quiero ir a algo más profundo esta noche. Quiero que piense acerca de quién es usted una vez que ha aceptado a Jesucristo como Salvador, Sanador y Transformador de su vida. Si lo ha hecho, ¿qué cosas puede decir para describirse a usted mismo en su caminar con Jesús? Y si no ha dado ese paso, piense qué cambios a su identidad *pudiera* hacer el recibir a Jesús.

Jesús nos Hace Hijos de Dios.

Examinemos esta idea. Cuando usted recibe a Jesucristo en su corazón por fe, se convierte en parte de la familia de Dios. Usted se convierte en hijo de Dios. Juan escribió en su evangelio: "Mas a cuantos lo recibieron (a Jesús), a los que creen en su nombre, les dio el derecho de ser hechos hijos de Dios" (Juan 1:12 NVI).

¿Qué significa ser un hijo, no un sirviente, un invitado, o un extraño, pero un hijo que pertenece a alguien? En un buen hogar, cuando usted es uno de los hijos, se sienta a la mesa, come las comidas con la familia, comparte los ingresos de la familia, recibe el afecto y el nombre de la familia. Se siente aceptado. Se siente seguro. Podríamos mencionar muchas cosas, en un buen hogar, que usted recibe por ser un miembro de la familia. Ahora piense por un momento, si eso es cierto en un buen hogar humano, ¿cómo será ser un hijo en la familia de Dios? ¿Podríamos decir las mismas cosas? Sí, usted tiene el nombre de la familia, comparte las provisiones de Dios y la riqueza de los cielos, usted tiene intimidad con el Padre, usted tiene la seguridad que viene de Él, tiene comunicación con Él, y así sucesivamente. Ser un hijo transforma completamente su vida y trae muchas bendiciones consigo. ¿Tiene que ganárselo? ¿Puede usted ganarse ese estatus? No, usted nació a él cuando nació espiritualmente de nuevo a través de Jesucristo. Recibió todos esos beneficios simplemente por creer en Jesús.

Recibimos Nuevos Nombres y Descripciones

Con su nueva identidad, usted recibe nuevos nombres. "La justicia de Dios" en Cristo Jesús puede ser el más importante de todos esos nombres (2 Corintios 5:21 RVC). Eso significa que cuando aceptamos a Cristo como Salvador, lo que Él hizo en la cruz trabaja por nosotros. Nuestros pecados fueron perdonados en la cruz y recibimos ese beneficio. Todo lo que estaba dañado en nosotros ha sido absorbido por Cristo y Su justicia ha sido puesta en nosotros. Una vez que aceptamos a Jesús, estamos permanentemente revestidos con Su "manto de justicia". Eso significa que ahora no tenemos nada que se interponga entre nosotros y Dios. Jesús lo ha quitado todo para que podamos estar cerca de Dios y construir nuestra relación con Él. Las cosas viejas y podridas que había en nosotros se han ido, y lo nuevo ha venido. Estamos cubiertos por la identidad de Jesús. Ahora es nuestra identidad.

Tenemos nuevos nombres y descripciones. Pedro escribió acerca de los cristianos que somos "linaje escogido, real sacerdocio, nación santa, pueblo que pertenece a Dios, para que proclamen las obras maravillosas de aquel que los llamó de las tinieblas a su luz admirable" (1 Pedro 2:9 NVI).

Piense en esto, Dios nos ve como un pueblo escogido, real sacerdocio, nación santa. ¿Qué significa eso? ¿No son sólo pocas personas los que son sacerdotes y pastores? Eso suena como algo que no es para nosotros, quizás.

Lo que Pedro estaba diciendo con estas palabras es que, una vez que recibimos a Jesús, todos somos llamados a adorar y amar a Dios, a ministrarlo como sacerdotes en el templo de nuestro corazón. Estamos llamados a compartir quién es Dios y cómo le hemos encontrado a través de Cristo. Somos personas que "declaran las alabanzas de Él", es decir, se supone que compartamos nuestras historias y testimonios de cómo Dios salvó nuestras vidas. Se supone que debamos decirles a otros acerca de esa "luz maravillosa", donde el amor, el gozo, la paz, la paciencia, la benignidad, la bondad, la fe, la mansedumbre, la templanza, el fruto del Espíritu reinan en los corazones de la gente, incluyendo el nuestro. Estamos llamados a cambiar el mundo –no sólo los pastores profesionales, sino también todos los seguidores de Jesús–. Estamos llamados a cambiarlo con nuestras hermosas y encantadoras palabras y con nuestros actos de amor. "Sabrán que somos cristianos por nuestro amor", dice la canción. [9] Nuestra nueva identidad dada por Cristo nos ayuda a hacerlo.

Estamos también llamados a cambiar el mundo con nuestro denuedo y coraje. Muchos cristianos se enfrentan a increíble persecución en todo el mundo. Los matan, o matan a los miembros de su familia, les roban sus bienes, queman sus casas e iglesias. En muchos lugares los pueden condenar a la pena de muerte por hablar de Jesucristo. Sin embargo, el Espíritu Santo en ellos les da el valor y el compromiso para hablar.

Hubo un pastor muy dedicado llamado Richard Wurmbrand que se levantó contra los dirigentes comunistas en la década de 1940 en su país de Rumanía. Por su coraje, fue condenando a prisión. Estuvo 14 años preso por ser simplemente un cristiano que no se comprometió con el gobierno impío de su país. Escribió un libro que ha sido leído en todo el mundo, Torturado por Cristo. En él habla acerca de los guardias de la prisión y el horrible trato hacia él y otros cristianos. Él dijo: "Nosotros predicábamos y ellos nos golpeaban. Nosotros éramos felices predicando; ellos lo eran golpeándonos. De esta manera todos estábamos satisfechos." [10] En realidad, le hicieron muchas cosas peores a él y a muchos cristianos en las cárceles comunistas. Su relato sobre las torturas es difícil de leer, fue tan horrible. Cuando salió, fundó una organización llamada "La Voz de los Mártires". Esta organización existe para ayudar a los cristianos en todo el mundo que están siendo perseguidos y quienes sin embargo, se mantienen testificando de Cristo. Sí, adquirimos compromiso, valor y capacidad de amar a nuestros enemigos como parte de esta nueva identidad. Es un increíble nivel de fuerza sobrehumana que proviene de Dios.

Adquirimos Nuevas Habilidades y Dones

Los escritores de la Biblia describen los dones espirituales en diferentes libros (1 Corintios 12:4-11, Romanos 12:6-8, Efesios 4:11-13, por ejemplo). Podemos resumir los dones y habilidades de Dios diciendo esto: Cuando recibimos a Jesús en nuestros corazones por fe, el Espíritu Santo viene a morar en nosotros. Podemos ser llenos con más del Espíritu en ocasiones posteriores, pero lo que Él hace por nosotros es hacernos más como Jesús.

Nos convertimos en personas que pueden predicar, ministrar sanidad, comprender mejor las escrituras, realizar actos de bondad, escuchar la voz de Dios en sueños y visiones, llevar a otros a Cristo, y mucho más. En otras palabras, llegamos a ser capaces de trabajar en el ministerio. Esta es la nueva identidad que Dios nos da.

Muchas veces, he compartido la historia de ver gente en China bautizándose afuera en una bañera, en una región cubierta de nieve y obviamente muy fría. Vi esto en un vídeo compartido por una pareja de misioneros de la zona cuyo nombre no mencionaron con el fin de proteger a la gente de allí. Ellos les explicaron a los asistentes a la reunión que esas personas eran completamente nuevos cristianos. Tan pronto como fueron bautizados, su objetivo era viajar hacia el oeste a través de la antigua "ruta de la seda" (una ruta comercial en tiempos antiguos) y predicarle el evangelio de Jesús a mucha gente en el Oriente Medio. Ellos salieron de esa bañera con las mejillas enrojecidas y una mirada de *shock* debido a la congelación del agua. Entonces, salieron de viaje, como evangelistas, unos nuevos cristianos.

Esta es la nueva identidad que Dios nos da: libertad para hacer cosas en Su nombre basados en Sus dones e instrucciones para nosotros. Somos inmediatamente parte de la familia, difundiendo Su amor. Sí, hay cosas que aprender, sabiduría que obtener. Pero usted es inmediatamente bienvenido a compartir el evangelio, dar su testimonio, ministrar a otros, y ayudarlos a transformar sus vidas. Dios imparte habilidades y sabiduría sobrenaturales, así como a través de nuestro estudio. Pero, podemos comenzar a construir Su familia con lo que sabemos en este momento y continuar creciendo a medida que avanzamos en esta nueva vida.

Somos Ciudadanos del Cielo

Una última reflexión sobre nuestra identidad: El apóstol Pablo escribió que no somos realmente ciudadanos de esta tierra. Realmente somos ciudadanos del cielo, una vez que recibimos a Jesús. Eso significa que las cosas que los demás están persiguiendo –cosas que se rompen y oxidan, cosas que causan que peleemos unos con otros– no deben ser la meta de los cristianos. Estamos viviendo por toda la eternidad. Estamos guiados por las metas y valores del cielo, el amor y la misericordia, la verdad, la justicia, la esperanza y la bondad hacia los más desesperados y pobres.

Pablo escribió que "por ahí andan muchos" que "son enemigos de la cruz de Cristo. Ellos sólo piensan en lo terrenal. Su dios es el vientre, su orgullo es su vergüenza, y su fin será la perdición. Pero nuestra ciudadanía está en los cielos, de donde también esperamos al Salvador, al Señor Jesucristo" (Filipenses 3:18-20 RVC). Él estaba diciendo que debemos evitar ser cristianos transigentes, cristianos de nombre solamente, que persiguen metas terrenales como aquellos que aun no conocen a Jesús. No estoy diciendo que Dios no quiere que nosotros prosperemos aquí. Él sí lo quiere. Él quiere bendecir a sus hijos con buena salud, una mente sana, y hacernos prosperar en todo lo que hacemos (3 Juan 1:2), pero tenemos que fijar nuestra vista en las estrategias a largo plazo del cielo.

La nueva identidad que el Espíritu Santo forma en nosotros mientras mantiene nuestros corazones y mentes en Jesús, es una identidad que no es egoísta, codiciosa o impía. No es una actitud de competencia y de empujar a otros a un lado. No, es una actitud de bondad y de tener una mente como Cristo que aumenta con cada día que pasa mientras mantenemos nuestros ojos en Él y crecemos en semejanza a Él. Es una actitud que nos hace poner las necesidades de otros por delante de las nuestras. Tenemos hambre de ver a todas las personas venir a la fe y trabajamos para eso. Buscamos agradar a Dios por encima de todas las demás cosas.

Esta es la nueva identidad en Jesús que usted pudiera tener ya, o puede recibir. Una vez que usted es un creyente, así es como Dios le ve. Él ve la imagen de Cristo en usted. El pasado está borrado, desaparecido como si nunca hubiera sucedido. Usted es una nueva creación en Cristo. Usted tiene nuevas cosas que hacer como parte de la familia de Dios y usted es amado y está seguro como parte de la familia de Dios.

Sí, usted puede pecar y hacer algo que no esté de acuerdo con lo que es ser un cristiano. Lo que hay que hacer cuando esto ocurre es simplemente decir: "Padre, he pecado. Lo siento de veras. Quiero empezar de nuevo. Ayúdame". Usted no ha perdido su posición como hijo de Dios cubierto con la justicia de Jesús. Dios simplemente le ayudará a levantarse, corregir su error, y seguir caminando con Él hacia el futuro.

Preguntas para los Grupos Pequeños

1. ¿Cómo se sentía acerca de usted mismo cuando era niño? ¿En comparación con sus hermanos y hermanas? ¿Con otros niños? ¿Con sus padres?

2. ¿Cómo se ve honestamente a usted mismo ahora?

3. ¿Qué hace cuando se siente avergonzado o lleno de culpa? ¿Cuándo se siente ansioso o deprimido? ¿Es su autoestima una montaña rusa?

4. ¿Cómo puede usted ganarse la aceptación de Dios? (Hablar de la salvación) ¿Y cómo puede estar seguro de tener la aceptación de Dios ahora, que no es algo que se tiene que ganar y volver a ganar? (Hable de la seguridad de la fe.)

5. Lea Proverbios 29:25-26 (NVI)

   "Temer a los hombres resulta una trampa, pero el que confía en el Señor sale bien librado. Muchos buscan el favor del gobernante, Pero solo el SEÑOR hace justicia".

   ¿Se encuentra tratando de ganar la aprobación de otras personas constantemente? ¿En qué trampas se mete a causa de eso? ¿Cómo podría usted aprender a vivir de otra manera?

5

Pensando de una Nueva Manera

Versículos Claves

Como un hombre piensa, así es él (Parafraseado en Proverbios 23:7).

No se amolden al mundo actual, sino sean transformados mediante la renovación de su mente. Así podrán comprobar cuál es la voluntad de Dios, buena, agradable y perfecta (Romanos 12:2 NVI).

Asuntos a Considerar por el Orador

La Biblia nos dice que "con un solo sacrificio (Dios) ha hecho perfectos para siempre a los que está santificando" (Hebreos 10:14 NVI). ¿Qué significa eso?

Significa que para aquellos que reciben a Jesús como su Salvador y responden a Su perdón con arrepentimiento y disposición de seguirlo, su espíritu es vivificado y regenerado. Cuando somos salvos, el espíritu, la parte más profunda de nuestro ser, es perfeccionado para siempre por el Espíritu Santo que nos guía a Jesús y eficazmente cambia esa parte de nosotros. Ahora podemos relacionarnos con Dios, de Espíritu a espíritu.

Somos seres que constamos de una mente, un cuerpo y un espíritu. En el momento de la salvación, Jesús, el perfecto Cordero de Dios sacrificado por nosotros, hace posible que nuestros espíritus sean creados otra vez de manera perfecta. Dios dijo, "Les infundiré un espíritu nuevo … Infundiré mi Espíritu en ustedes..." (Ezequiel 36:26-27 NVI).

En el nuevo espíritu que me ha sido dado, tengo una obra de Dios en mí. En el Espíritu de Dios, tengo a Dios mismo –una persona viva– que mora en mí…El Espíritu Santo renueva nuestro más profundo ser interior para entonces habitarlo y llenarlo. Y así, Él se convierte para mí en lo que era para Jesús, la vida misma de mi personalidad. Me inclino en santo silencio y reverencia para decir: Mi Padre, te doy gracias porque el Espíritu Santo mora en mí, en mi propio ser. [11]

Estábamos en 0 sin Cristo, muertos. Pero con Cristo, hemos sido 100% creados nuevamente en nuestro espíritu. Somos renovados, hechos perfectos por el Señor. Pasamos de muertos a eternamente vivos.

> **Muchos de los adictos tienen un nivel de madurez que se congeló cuando empezaron a sumergirse en las drogas y el alcohol.**

Pero, y esto es muy importante, nuestras mentes y cuerpos no son perfectos todavía. Puede que necesitemos sanidad en nuestros cuerpos y mentes que todavía están espiritualmente en "preescolar", por así decirlo.

Muchos de los adictos tienen un nivel de madurez que se congeló cuando empezaron a sumergirse en las drogas y el alcohol. "Empecé a usar drogas a los 16," dice el adicto a metanfetamina en recuperación que tiene ahora 32 años pero piensa y razona como un joven de 16 años de edad, por el momento. Sus mentes pararon de desarrollarse en el momento en que las drogas tomaron control sobre ellos.

Además, debido al uso de alcohol o drogas para llenar el vacío interior reservado para la presencia de Dios, puede haber gran inmadurez espiritual, falta de conocimiento acerca de Dios, y también falta de capacidad para procesar muchos acontecimientos y emociones con sabiduría y entendimiento espiritual. Las personas en recuperación necesitan ayuda para corregir la inmadurez mental, comportamientos erróneos al confrontar situaciones, pensamientos egoístas, pensamientos de odio hacia ellas mismas, y muchas otras cosas en sus mentes. Necesitan madurar bastante.

¿Cuáles son algunas de las malas actitudes mentales que pueden ser la norma en la manera en que los adictos reaccionan? El doctor Stanton E. Samenow es un psiquiatra que ha hecho un gran trabajo con los hombres y las mujeres en prisión. Él entiende muy bien la mente criminal. Gracias a su trabajo, mucho se ha aprendido sobre esa defectuosa manera de pensar. Él ha ayudado a muchas personas a dejar su mala manera de pensar y a empezar a pensar sana y responsablemente.

Lo que él ha descubierto también es útil en el trabajo con muchos de los adictos, no sólo aquellos que han estado presos, que son muchos, pero para entender la mentalidad del adicto. Pueden existir similitudes. El adicto en recuperación, al principio, puede estar lleno de autocompasión y estar renuente a asumir la responsabilidad por sus acciones. Después de todo, ellos a menudo han sido maltratados, así que están tristes y sienten que tienen derecho a sentirse tristes, a preocuparse más por ellos mismos que por los demás, y a sentir resentimiento. Puede haber una tendencia a rendirse fácilmente, a querer las cosas de inmediato, a luchar con otros por poder y posición, y a evitar tener que ser responsables y maduros. [12]

Puede que exista el deseo de no quedar mal, de querer que otros se sientan incómodos o menos poderosos que ellos. Puede haber una tendencia a mentir, o al menos disfrazar la verdad. Cuando están tristes, pueden sentir la tentación de usar drogas. Cuando están felices, pueden sentir la tentación de usar drogas. Sin dudas hay mucha vergüenza, culpabilidad y tristeza que superar. Hay recuerdos de abuso y dolor. Hay temor. Entender que las emociones van y vienen y que pueden superarse es una nueva perspectiva. Desarrollar una mentalidad en la palabra, que consiste en confiar en Dios constantemente, amar al prójimo, ser puros, ser escrupulosamente honestos, poner a los demás antes que a nosotros, mostrar generosidad, alinear nuestra mentalidad a la escritura y dejar que la fe y las creencias controlen las emociones, todas esas formas de responder al mundo como cristianos, pueden ser nuevas.

Pero la historia de cada uno es un poco diferente. Siempre debe recordar eso. Quizás haya en su audiencia algunos con antecedentes cristianos que comenzaron a consumir drogas tras una devastadora tragedia. Pueden estar escuchando también. Pero, debido a la tragedia y a la manera en que respondieron a ella, también necesitan sanidad de sus pensamientos y memorias.

Nuestras mentes son el lugar donde ocurren muchas batallas entre los pensamientos sanos y redimidos y los pensamientos distorsionados y defectuosos.

Así que enseñar la idea de que la mente debe ser renovada y demostrar cómo hacerlo con la ayuda de Dios es una de las lecciones más difíciles que tenemos que presentar. Y debemos decir esto con frecuencia: "Su manera de pensar necesita cambiar". A medida que los pensamientos y creencias cambien, cambiará el comportamiento. Las emociones pueden ser moldeadas y controladas. Pueden ser guiadas por nuestros pensamientos redimidos.

Sólo un consejo. Hoy en día se habla de la adicción como una enfermedad, no como una falla moral. Eso es útil porque una vez que hay una adicción, esta controla el cuerpo, las vías neurales y la capacidad de elegir comportamientos. La contribución genética a convertirse en adicto está en constante investigación. Y, sin embargo, todavía tenemos que presionar las clásicas ideas de pecar contra Dios vs. la obediencia a Dios. La sobriedad es obediencia. Si no introducimos la idea de *escoger* seguir a Dios en las

> **Hay otro elemento relacionado con cambiar la manera de pensar que tiene que ver con las "heridas del alma."**

conversaciones en torno a la recuperación, el adicto puede perder la esperanza de cambiar. "Tengo una enfermedad. No puedo controlarla o ser libre de ella". Debe existir un equilibrio adecuado entre tener compasión e instar a la persona en recuperación a que tome las decisiones correctas. "Usted sí tiene opciones y puede salir de ese modo de vida deformado hacia la plenitud y la paz". Junto con su compasión por la audiencia, usted debe transmitir un sentido de habilidad de controlar las circunstancias. Eso los hará sentirse honrados.

Hay otro elemento relacionado con cambiar la manera de pensar que tiene que ver con las "heridas del alma". Una de las más excelentes maestras cristianas en sanidad interior en esta época es Katie Souza. La propia Katie usaba y vendía drogas, además de haber estado en la cárcel. Pero Jesucristo la hizo libre. Es una mujer llena del Espíritu Santo, y se ha convertido en una importante y reconocida líder cristiana y es una magnifica maestra en cómo sanar el alma para convertirse en un cristiano robusto y creyente.

Katie enseña que las heridas del alma ocurren como resultado de "nuestro propio pecado, el pecado de otras personas hacia nosotros, a través de traumas y a través de iniquidades generacionales, cosas que heredamos de nuestra familia." [13] Un alma herida es una forma de percibir el mundo que está defectuoso. Nos han herido, de manera que respondemos desde el dolor, a menudo ni siquiera conscientes de que nuestras percepciones y reacciones al mundo están torcidas. Katie ha escrito que:

"Un alma herida afecta cada área de su vida. Puede:

- Causar que tenga pensamientos equivocados.

- Impactar su voluntad, causando que tome decisiones equivocadas.

- Hacer que usted sienta dolor, negatividad, emociones hirientes".[14]

Un ejemplo de esto es una mujer que conocí en un viaje ministerial al extranjero hace unos años. Para las demás personas en el viaje, ella parecía ser extraordinariamente segura, se desenvolvía en el país extranjero que estábamos con gran pericia. Ella parecía ser capaz de manejar cada nueva experiencia con más facilidad que cualquier otra persona. Era una experta obteniendo enormes gangas en el mercado, regateando muchísimo los precios. Decía que hacía lo mismo en Estados Unidos. El resto del equipo del Ministerio la veían en acción y decían: "¡Caramba! ¡Ojalá yo pudiera hacer eso!". Pero una tranquila tarde, cuando descansábamos en la casa de la misión y ella y yo éramos las únicas que quedábamos en nuestra habitación, me preguntó: "¿Crees que le caigo bien a la gente?". Yo estaba sorprendida. ¡Qué pregunta tan extraña de una mujer tan "capaz"! ¿Por qué preguntas eso?", le dije.

Ella empezó a contarme que se acercaba a la gente y luego era como si "le apretaran un botón" y comenzaba a retroceder en su interior, a alejarse internamente, protegiéndose a sí misma. Describió una infancia llena de abusos y una adultez de relaciones disfuncionales. Quedó claro que la confianza que pensábamos que percibíamos en ella era un fuerte escudo que la protegía de ser lastimada nuevamente. Tenía enormes heridas de rechazo en su alma y miedo al abandono y a la pérdida, que necesitaban ser tocados por el poder sanador de la muerte y resurrección de Jesús. Esas heridas necesitaban ser identificadas y ministradas. Necesitaban ser lavadas por la sangre de Cristo y que se les aplicara la dirección de Su palabra. De lo contrario, ella seguiría condenada a continuar con esa vida de pasearse con la cabeza en alto, haciendo que todos pensaran que era muy osada, cuando por dentro estaba "muriendo", desesperadamente solitaria y rígidamente atascada en la disfunción.

La sanidad interior es parte esencial de la sanidad general en el proceso de recuperación de adicciones. Tenemos armas poderosas en la sangre de Jesús y la efectividad de la cruz, el poder del Espíritu Santo y la renovación de la mente a través de la Palabra de Dios. Tenemos un arma poderosa en la oración de sanidad. Ayudar a la gente a ver que a veces cuando piensan lo peor de los motivos de otros, o se ofenden y enojan, o se encuentran tristes y desanimados, todos esos "estados de ánimo" pueden ser producto del pensamiento distorsionado que sale de las heridas del alma y/o pueden ser influencia demoníaca. Cuando comiencen a entender eso, ya no dirán más: "Así es como soy yo... Ojalá pudiera controlarlo, pero no puedo. Me domina". Y empezarán a decir: "¡Caramba! Estoy siendo libre de esas viejas reacciones. Mis emociones van a ser consistentemente estables. Puedo superar las circunstancias difíciles sin desmayar o tener una recaída. Puedo identificar las trampas del diablo para penetrar mi mente a través de mis heridas y atormentarme. Puedo pensar en una forma más lógica y madura. Soy una nueva creación en Cristo. ¡¡¡Alabado sea Dios!!! Soy emocionalmente estable, constantemente confiando en Dios".

Una de las grandes ayudas que podemos dar a la gente en recuperación, que comprensiblemente se sienten desanimadas, es la posibilidad de replantear las cosas, para que así puedan ver "el vaso medio lleno y no medio vacío". Animar a la gente y ayudarles a ver el "lado positivo" es un gran privilegio y un llamamiento santo.

Oración por el Orador y la Charla
Padre, en el nombre de Jesús,

Ayuda a es este orador a dar ejemplos impactantes de mentalidad distorsionada junto a maravillosos testimonios de mentalidad sanada. Ayúdalo a utilizar el humor y la ternura para abrir los corazones de los oyentes de este tema tan importante. Una manera de pensar transformada lo cambia todo. Cuando podemos ver las distorsiones en nuestra mente y compararlas con una mentalidad sana y cristiana, recibimos esperanza. Ayuda a este orador a ser firme acerca de la necesidad de una manera de pensar saludable. Es fácil ser destructivamente compasivos, sin exigir nada de quienes están escuchando. Pero realmente los amaremos cuando les digamos: "PUEDES cambiar tu manera de pensar y debes cambiar tu manera de pensar". Ayuda a este orador a presentar la verdad de Tu

Palabra. Ayúdale a decir las palabras de Jesús: "Ni yo te condeno. PERO ve, y no peques más". En el nombre de Jesús. Amén.

Ejemplo de Charla
Introducción

Tenemos un solo versículo bíblico para esta noche. Es Proverbios 23:7. Dice así: "Como un hombre piensa, así es él". ¿Qué significa eso? Eso significa que lo que está pasando en su cerebro va a determinar cómo se siente, sus decisiones y sus emociones. Sus pensamientos son muy importantes. Lo que usted piensa y cree es como la locomotora de un tren. Todo lo demás sigue detrás de sus pensamientos y creencias. Al igual que los vagones de un tren, sus emociones, actitudes, decisiones y estados de ánimo, son todos halados por esa locomotora –lo que usted está pensando.

Si sus pensamientos son oscuros, autocompasivos o resentidos, por ejemplo, ¿cómo se va a sentir, hablar y actuar? No muy bien, ¿verdad? Pensamientos como esos nos conducen a sentirnos resentidos y a tomar decisiones equivocadas.

Si vamos a ser realmente sanados, tenemos que hablar y aprender acerca de los pensamientos y cómo cambiarlos. Tenemos que aprender la habilidad de reformular nuestros pensamientos para ayudarnos a lidiar mejor con lo que estamos experimentando. Las personas tienden a mirar al mundo desde dos extremos. Como optimistas (felices, pensando positivamente) o como pesimistas (amargados, pensando que todo está mal en el mundo).

Hay una ilustración que se ha usado en más de un sermón, pero resalta la importancia de un pensamiento positivo versus un pensamiento negativo. La historia dice así: Dos niños, hermanos gemelos, tenían actitudes completamente contrarias. Uno era tan optimista, tan alegre, que sus padres estaban preocupados de que un día podría ser realmente lastimado por alguna situación difícil que no se esperara. Por otro lado, su hermano era tan pesimista que nunca miraba el lado bueno de la vida.

Los padres llevaron a los chicos a un médico que les dijo: "Yo puedo ayudarlos a ambos a tener una visión del mundo mejor y más balanceada". Puso al muchacho pesimista en una habitación llena de juguetes y llevó al optimista a un área donde solo había estiércol de caballo y una pala.

Mientras miraban a los chicos sin ellos saberlo, el pesimista se sentó enfadado en la esquina de su habitación diciendo: "Yo no tengo a nadie con quien jugar". Cuando fueron a mirar al chico optimista, lo vieron felizmente cavando el estiércol de caballo. "¿Qué estás haciendo?", le preguntó el médico estupefacto al verlo tan feliz. El muchacho respondió que con todo el estiércol de caballo que había alrededor de él, estaba seguro que tenía que haber un pony en alguna parte. [15]

Es una historia tonta, pero refleja cómo muchos de nosotros pensamos. Para mucha gente, la única cosa que ven son los problemas y los inconvenientes; y de esos pensamientos sale la queja, los reclamos, la desesperación, la irritación y la ira. Así como el niño pequeño en la habitación llena de juguetes, simplemente no podemos ver nada bueno acerca de nuestra situación.

Otros han aprendido a pensar de forma diferente. Ellos ven cosas que pueden ser difíciles o desagradables y encuentran una manera de sentirse bien y tener emociones positivas. Están felices cuando las cosas están felices, pero también pueden ser optimistas, incluso cuando las cosas son difíciles. La clave está en cómo usted piensa acerca de las cosas y qué tipo de interpretación hace de lo que ve. Una vez que haya escogido pensar en algo de una cierta manera, sus emociones seguirán su manera de pensar. Si está teniendo pensamientos negativos, emociones oscuras le seguirán, así como una conducta que puede no ser la mejor.

Por otro lado, si usted ha aprendido a ver las cosas en una buena luz, y yo añadiría en una luz influenciada por la fe, sus emociones y su comportamiento serán mucho más positivos. Tener una actitud de gratitud ciertamente le ayuda a ver las cosas bajo una luz más positiva. Si usted cree que Dios está con usted y le ayuda en todo momento, y usted le da las gracias, su manera de pensar será consistentemente positiva.

Tenemos que aprender a pensar de manera realmente excelente.

Espíritu, Alma y Cuerpo

Permítanme explicar algo acerca de cómo Dios nos hizo.

Usted y yo estamos compuestos de tres partes. Constamos de un cuerpo, un alma y un espíritu. A veces, las personas utilizan las palabras alma y espíritu para decir la misma cosa, esa parte invisible de nosotros mismos que es eterna y que interactúa con Dios. Quiero cambiar su manera de pensar un poco en esta noche. El alma y el espíritu en realidad representan dos partes diferentes de nosotros.

Permítanme darles una escritura que nos ayuda a entender esto. El apóstol Pablo escribió esta bendición: "Y conserve todo su ser –espíritu, alma y cuerpo– irreprochable para la venida de nuestro Señor Jesucristo (1 Tesalonicenses 5:23 NVI). En este pasaje hay una palabra para el espíritu y otra palabra diferente para el alma. Alma, por lo tanto, se puede utilizar para referirse a una parte de nosotros separada del espíritu. Puede usarse para hablar de nuestra mente, voluntad y emociones –la parte de nosotros que piensa y siente.

¿Por qué es importante saber esto?

Una Mente Inmadura

Es importante a causa de lo que nos sucede cuando somos salvos por Jesucristo. Cuando le pedimos a Cristo por fe que venga a nuestros corazones, no solo pasamos de "ser malos a ser un poco mejores". Pasamos de estar "muertos" a estar "vivos". Jesús dijo:

> Ciertamente les aseguro que el que oye mi palabra y cree al que me envió tiene vida eterna y no será juzgado, sino que ha pasado de la muerte a la vida (Juan 5:24 NVI).

Cuando venimos a la fe en Cristo, nuestro espíritu es hecho perfecto. Dios sopla vida en esa parte de nosotros y nuestro espíritu es 100% redimido. La parte interior de nuestro ser es totalmente perfeccionada, es hecha nueva. Aquí está el versículo que explica esto: "Porque, con un solo sacrificio (en la cruz), Jesucristo hizo que Dios hiciera perfectos a todos los que eligió para ser parte de su pueblo" (Hebreos 10:14 TLA).

¿Cómo puede ser perfecto para siempre en una parte de usted y todavía estar en proceso de ser hecho santo? Bien, aquí está la respuesta. Nuestro espíritu, esa parte interior de nosotros, es hecho perfecto, pero necesitamos trabajar en nuestra alma. Recuerde, su alma es su mente, voluntad y emociones, la parte pensante de usted.

Déjeme ponerlo aún más simple. Cuando Jesús salva su vida, su espíritu se gradúa de la universidad, por así decirlo, pero su alma o su cerebro están todavía en preescolar. Usted necesita crecer más en su forma de pensar, en sus actitudes, en la manera en que usted responde al mundo. Usted necesita crecer en su mente. Por lo tanto, repito, cuando usted es salvo, su espíritu es hecho perfecto. Pero su cerebro o alma están todavía en preescolar. Tenemos que trabajar en nuestro pensamiento y cambiarlo para bien.

Creciendo en la Mente

¿Cómo se hace eso? ¿Cómo se crece en la mente? "Soy como soy", podríamos decir.

En primer lugar, usted tiene que aceptar la idea de que tal vez su mentalidad no es la que necesita ser. Tiene que llegar a este entendimiento: "Para que mi vida mejore, yo podría necesitar cambiar mi manera de pensar". Tal vez usted diga: "Tengo demasiados pensamientos envidiosos". Tal vez usted diga: "Tengo demasiados pensamientos de enojo". Quizás demasiados pensamientos de "Pobre de mí". O tal vez, usted tiene pensamientos sobre renunciar y darse por vencido con demasiada facilidad. Usted sabe lo que pasa dentro de usted. Puede que tal vez todavía le sea difícil reconocer todos sus pensamientos erróneos, pero algunos de ellos, estoy segura, usted los reconoce.

Algunos de ustedes saben lo que pasa en su cabeza y si sus pensamientos están conduciendo a emociones y acciones buenas o no. Podría ser que, al principio, necesite que aquellos que están un poco por delante de usted en su recuperación le señalen cuando esté fuera de la pista. Ellos podrán señalárselo. Requerirá mucha humildad de su parte aceptarlo. Pero a veces, otras personas pueden ver cuando se está saliendo de la pista mejor que usted. A la medida que crezca, sin embargo, mejorará y mejorará en encontrarse diciéndose a sí mismo: "¡Qué manera más absurda de pensar! ¿Por qué me dejé a mí mismo ver las cosas de esa manera?"

Uno de los motivos por los que usted se deja "pensar de esa manera", es porque su alma está herida. En el pasado, cuando usted hizo cosas malas, cuando otros le hicieron cosas malas, y porque, tal vez, hay cosas malas que ha heredado de su familia, puede que usted tenga heridas en su alma. Usted mira al mundo a través de las heridas. Su percepción está distorsionada. Las heridas necesitan ser sanadas. Y la sanidad no es tan difícil. Es un proceso en el cual usted aplica la sanidad de Jesús a través de la oración y las escrituras en las áreas donde haya sido lastimado.

La Biblia nos da algunas palabras muy específicas acerca de cómo trabajar en nuestra manera de pensar. Aquí hay una, Romanos 12:2 (PDT):

No vivan según el modelo de este mundo. Mejor dejen que Dios transforme su vida con una nueva manera de pensar. Así podrán entender y aceptar lo que Dios quiere para ustedes y también lo que es bueno, perfecto y agradable a Él.

¿Ha escuchado eso? Dios nos dice que evitemos vivir de la manera que el mundo vive. Él nos está diciendo que no nos relacionemos con otras personas de la manera en que gran parte del mundo lo hace. Él quiere que nuestra manera de pensar cambie completamente. Él quiere que veamos que Él nos ama y quiere lo mejor para nosotros en Su corazón. Él quiere que veamos que Su manera inocente y pura es la mejor manera, aunque el mundo entero se burle de ella y diga que es tonta. Vivir una vida decente, tomar buenas decisiones, controlar nuestras emociones negativas, perdonar a los demás y llevarnos con ellos, es el camino a seguir para que la vida tenga valor y paz.

Las Emociones que Siguen a los Pensamientos Sanos

Podemos aprender a pensar bien estudiando la Biblia y memorizando pasajes que particularmente nos "hablen" a nosotros. Siempre hay personas más maduras, patrocinadores, líderes cristianos y personas que pueden ser mentores que pueden ayudarle a cambiar su manera de pensar. El Libro Grande y otra literatura de los Doce Pasos ofrecen buena orientación sobre cómo cambiar sus actitudes y pensamientos. Y ciertamente, orar y pedirle a Dios que lo ayude a cambiar su modo de pensar es el más brillante de los pasos a seguir. "Todo aquel que invoque el nombre del Señor será salvo" (Romanos 10:13 NVI). "Salvo" abarca muchas cosas, incluyendo el obtener una mejor manera de pensar según el Espíritu Santo le ayude y le enseñe (Salmo 32:8).

Como mencionamos anteriormente, nuestras emociones nacen de nuestros pensamientos. Lo que pensamos da lugar a emociones buenas o malas. Por ejemplo, si estoy pensando: "Todo el mundo me maltrata", mis emociones entonces se llenarán de mucha tristeza y autocompasión o mucha ira. Si puede hacer que los pensamientos sean más específicos, podrá deshacerse de esos estados de ánimo. Digamos que usted está teniendo problemas con sólo una o dos personas, pero usted lo ha generalizado diciendo: "Todo el mundo". Si puede corregir sus pensamientos y eliminar la exageración, usted estará mucho mejor. Entonces empezará a enfocarse. Usted dice: "No tengo problemas con todo el mundo. Es sólo con esta persona o estas dos personas". Entonces, si usted puede reflexionar sobre por qué usted está teniendo problemas y pensar cómo puede lidiar con ellos con esa persona o dos personas, no habrá necesidad de emociones dramáticas o estados de ánimo fuertes. Usted estará en camino a resolver el problema de alguna forma con una manera de pensar clara y enfocada que será precisa.

Las buenas emociones siguen a los pensamientos sanos y maduros. Es tan importante renovar nuestras mentes, como dice la Biblia. Practicar la gratitud diaria es tan importante en términos de tener buenos pensamientos. Si estamos agradecidos y vemos lo que ya tenemos, será muy difícil ser un gruñón.

Preguntas para los Grupos Pequeños

1. ¿Tiene usted un pensamiento/pensamientos que continuamente vienen y lo hacen sentir incómodo? Por ejemplo, sentirse maltratado, querer escapar de situaciones difíciles, sentirse abrumado.

2. ¿Es capaz de calmarse a sí mismo? ¿Es capaz de ignorar las preocupaciones o las emociones difíciles? ¿Cómo puede hacerlo?

3. Si está luchando con pensamientos o emociones, ¿a quién recurre para que le ayude a replantear cómo usted ve las cosas?

4. ¿Con qué tipo de personas a su alrededor se siente más cómodo? ¿A qué cree que se deba eso?

5. ¿Qué tipo de persona le hace sentir más incómodo? (Pudiera ser alguien de personalidad fuerte y expresiva. O podría ser alguien muy tranquilo. O alguien que le recuerde una relación difícil del pasado). ¿Cómo puede aprender a sentirse más cómodo con ese tipo de persona?

6. ¿De qué manera le gustaría crecer más en los próximos seis meses?

6

No más Provocaciones: "Ya Sé Cómo Actúa el Diablo"

Versículos Claves

La serpiente era más astuta que todos los animales del campo que Dios el SEÑOR había hecho, así que le preguntó a la mujer: ¿Es verdad que Dios les dijo que no comieran de ningún árbol del jardín? (Génesis 3:1 NVI).

Adán no era más que un humano. Eso lo explica todo. No quería la manzana por el hecho de comer una manzana, él la quería solamente porque estaba prohibida. El error fue no prohibir la serpiente; entonces se habría comido la serpiente. [16]

Asuntos a Considerar por el Orador

Uno de las vías más rápidas para perder el rumbo de la recuperación es el romance.

No sé cuántas veces he visto lo siguiente. Personas que empiezan a sentirse bien en cuanto a su sobriedad. Han estado limpios por varios meses. Han conseguido un trabajo. Las cosas están empezando a salir bien. Pero comienzan a mirar alrededor de la habitación donde están reunidos con otros en recuperación y encuentran a un Romeo o a una Julieta a unos pocos asientos de distancia, y de repente sus altos y nobles objetivos se desploman. "Si sólo tuviese a alguien a quien 'amar'".

Nada descarrila más rápido una buena temporada de sobriedad que convertir a otro ser humano en la nueva droga favorita. Las hormonas son objetantes implacables.

El hecho de que el adicto finalmente tome la decisión de "seguir el programa" y salga de la calle, y que escuche un poco de Jesús, no hace que la tentación sea menos una realidad para él o ella. Es parte de la vida. En efecto, la Escritura nos advierte:

> Practiquen el dominio propio y manténganse alerta. *Su enemigo el diablo ronda como león rugiente, buscando a quién devorar.* Resístanlo, manteniéndose firmes en la fe, sabiendo que sus hermanos en todo el mundo están soportando la misma clase de sufrimientos (1 Pedro 5:8-9 NVI, cursiva añadida).

El diablo ronda como un león, buscando constantemente al débil para arrebatarlo de la manada y desgarrarlo en pedazos. Él no cesa en su actividad constante de tratar de destruirnos, de encontrar la entrada débil en el alma que tiene como blanco. Incluso Jesús, después de soportar cuarenta días de ayuno y ser tentado severamente por Satanás, dejó el desierto lleno del poder del Espíritu, pero con estas inquietantes palabras flotando sobre Él:

> **El diablo ronda como un león, buscando constantemente al débil para arrebatarlo de la manada y desgarrarlo en pedazos.**

"Así que el diablo, habiendo agotado todo recurso de tentación, lo dejó hasta otra oportunidad" (Lucas 4:13 NVI).

En otras palabras, justo cuando se tiene una gran victoria sobre pruebas muy severas, es exactamente cuando la siguiente prueba puede comenzar. Debemos enseñar que "no se puede bajar la guardia". Eso no quiere decir que no nos hacemos más fuertes y más capaces de resistir las tentaciones, provocaciones y pruebas del mundo cuando maduramos en la fe. No quiere decir que no estamos protegidos por Dios. Nuestras victorias van en aumento y tenemos la capacidad de descubrir las estrategias del enemigo cuando crecemos en la sabiduría de Dios, pero el punto es, que el diablo *no descansa*. Después de que él ha tenido a un adicto en las calles, cometiendo crímenes y medio loco, ¿está feliz cuando se convierte en un seguidor de Cristo, sobrio, decente y temeroso de Dios?

No, él está furioso.

Y él es inteligente. Recuerde las palabras del apóstol San Pablo: "ya que Satanás mismo se disfraza de ángel de luz" (2 Corintios 11:14 NVI). Nos está diciendo que algo puede entrar en su vida que parece encantador o inocente o incluso como una promoción, pero podría ser sin embargo parte de la astucia del diablo para desviarnos del camino y distraernos de Dios.

Hace algunos años atrás, mientras servíamos en una pequeña iglesia, varios adictos en recuperación comenzaron a visitarnos, convirtiéndose en parte de la comunidad. Había una pareja joven con un niño que había tenido una relación inestable, pero gracias a la influencia de la iglesia, comenzaron a cambiar. Ellos habían pasado por más de una sesión de desintoxicación, tratamientos hospitalarios y tratamientos ambulatorios intercalados con varias recaídas, pero en ese momento, parecían realmente serios acerca de "arreglar las cosas".

Y parecía que querían que su relación fuera sólida. No querían más separaciones que dejaban a su hijo en el caos. Querían casarse y construir un hogar. Estábamos seguros de que esta vez de verdad sí lo querían. Así que la iglesia entera se volcó a crear una hermosa boda al aire libre para ellos. Una celosía cubierta de flores, decoraciones, sillas, música en los altavoces, un pastel de bodas, trajes de boda, regalos para su apartamento, los trataron como a un hijo y una hija. Fue una hermosa boda, y todo parecía perfecto. La iglesia incluso les pagó una noche en un hotel para que celebraran.

Pero ahí es donde todo comenzó a ir cuesta abajo. Se fueron al hotel y decidieron juntos que una boda no era una boda sin un brindis por su matrimonio y como habían estado sobrios durante tanto tiempo, "un trago no les haría daño. Después de todo, así era como pasaba en todas las películas de bodas que habían visto en la televisión". Pero, "incluso Satanás viene disfrazado como un ángel de luz". Ese brindis les hizo daño. Otros hubieran podido tener un brindis, pero no ellos.

El momento que compraron el balde para enfriar la botella de vino y empezaron a compartir fue el momento en que una colosal recaída que probablemente había estado calentando motores durante semanas, comenzó a marchar a toda máquina. Aquello dio lugar a todo tipo de desastres y por último, a su ruptura definitiva y permanente.

Ellos no habían contado con el hecho de que la tentación es real, que las celebraciones pueden desencadenar recaídas de la misma manera que el dolor y las situaciones estresantes lo pueden hacer. El diablo SÍ ronda como león buscando la manera de hacernos caer. Tenemos que ser conscientes y establecer protección, llamar a otros para que nos ayuden a asumir nuestra responsabilidad, y constantemente llevar una vida de "entrar (y volver a entrar) por la puerta estrecha" (Mateo 7:13).

Nuestra iglesia sintió una extrema sensación de disgusto y responsabilidad debido a esa experiencia. Deberíamos haberlo pensado mejor y haber considerado la posibilidad de que incluso una buena experiencia podía ser una fuente de ruina para ellos. Necesitábamos tener en cuenta el poder de la tentación. La amabilidad humana es muy buena, pero necesitamos mezclarla con sabiduría divina y con firmeza sobre la base de la conciencia de la realidad del mal y de la tentación. De lo contrario, NOSOTROS estamos participando en ayudar a la gente a caer a causa de nuestra ligereza.

Debemos enseñar más a fondo en la comunidad cristiana que el maligno existe. Él se opone a todo lo que es de Dios y tenemos que estar conscientes y preparados. El maligno susurra duda, transigencia y la promesa de deleite; cualquier cosa para hacernos escoger aquello que no sea lo que Dios ha planificado para nosotros, y que puede requerir disciplina y sacrificio.

La iglesia occidental contemporánea le causa un grave daño a la gente tratando de explicar cada referencia a las cosas demoníacas en la Biblia como "un término anticuado de gente del pasado, diciendo: 'Nosotros ya no hablamos de esa forma ni creemos en esas cosas'". El Espíritu Santo que inspiró a los escritores de las escrituras es Dios. Él es omnisciente, omnipotente, omnipresente, eterno. Él no está tratando de ponerse al día con nosotros, la gente moderna, con nuestro "vasto conocimiento" y nuestros grados en Psicología.

Muchos de los líderes de las iglesias contemporáneas, al menos en occidente, se toman el trabajo de sustituir "enfermedad mental" o "epilepsia" o algún otro término en aquellos pasajes donde Jesús o los discípulos tienen un encuentro con alguien y lo liberan de un espíritu inmundo. Sí, hay enfermedades mentales que son una entidad específica. La Biblia también lo describe. Pero también existen aquellas que describe como demoníacas o causadas por espíritus porque era real en aquel entonces. Y todavía lo es. Si entendemos que el mundo no ha cambiado, vamos a ser capaces de prepararnos para las diferentes maneras en que seremos tentados y atormentados por el enemigo de nuestras almas, tendremos puesta nuestra armadura para la batalla y no seremos presa de los trucos del enemigo, sean sutiles o muy dramáticos.

Es importante enseñar lo que se llama guerra espiritual, siendo consientes del mundo invisible y de los ataques que

> **La batalla principal, por supuesto, es mantener una fe consistente en nuestros corazones y resistir las tácticas del enemigo para robárnosla.**

de él emanan. La batalla principal, por supuesto, es mantener una fe consistente en nuestros corazones y resistir las tácticas del enemigo para robárnosla. Eso no quiere decir que debamos atribuir cada cosa negativa a las fuerzas demoníacas. Hay gente que se va al extremo en ese sentido opuesto, pero necesitamos tener el equilibrio de creer con confianza en que la fuerza de Dios es mayor.

Muchos de los que se resisten a aceptar la teología del mal están bien con creer en un Dios bueno, en la historia de la vida de Jesús, Su muerte y resurrección, en la creencia de que Jesús salva, y en la idea de ir al cielo después de la muerte. Si los presionamos, tendrán que admitir que estos conceptos tienen que ser aceptados por fe. Después de todo, mucho de lo que da forma a sus benévolos conceptos es invisible también. Ellos nunca han visto a Jesús en la carne, ni han estado en el cielo. Sin embargo, aceptan estas cosas por fe. Quizás, incluso se sienten cómodos con la noción de que los ángeles son asistentes invisibles que ministran a los santos (Hebreos 1:14).

Así que, ¿por qué entonces se sienten incómodos con aceptar el concepto de que otras fuerzas espirituales que se oponen a Dios también son reales? Muchos pasajes de la Escritura hablan de ese mundo:

> Porque nuestra lucha no es contra seres humanos, sino contra poderes, contra autoridades, contra potestades que dominan este mundo de tinieblas, contra fuerzas espirituales malignas en las regiones celestiales (Efesios 6:12 NVI).

Ciertos comportamientos como por ejemplo interesarse por la adivinación, el horóscopo, la lectura de las manos, las cartas, etc., dan acceso a la gente a un invisible y peligroso reino. Las propias drogas abren puertas a influencias demoníacas.

Debemos guardarnos de ser influenciados por "fuerzas espirituales en las regiones celestiales", pero también podemos ser atacados por otras personas que son influenciadas por el mal. Cuando nuestra vida entra en sintonía con lo que es divino y bíblico, otras personas que están en rebeldía contra Dios, van a encontrar todo tipo de formas para atacar, o al menos intentar persuadir, a la persona que busca la santidad a que la abandone. Muchos de los que aceptan a Jesús serán atacados por sus amigos, compañeros de trabajo, incluso familiares, tratando de que abandonen la nueva vida cristiana. Esto es parte de la "guerra", permanecer firmes, aceptar el ataque y a veces, la soledad, cada vez que elija seguir por el camino correcto.

Jesús les dijo a sus discípulos que la vida podría parecerse a una serie de batallas:

"Recuerden lo que les dije: "Ningún siervo es más que su amo". Si a mí me han perseguido, también a ustedes los perseguirán. Si han obedecido mis enseñanzas, también obedecerán las de ustedes" (Juan 15:20 NVI).

"Yo les he dicho estas cosas para que en mí hallen paz. En este mundo afrontarán aflicciones, pero ¡anímense! Yo he vencido al mundo" (Juan 16:33 NVI).

Oración por el Orador y la Charla

Padre, ayuda a este orador a presentar esta información con coraje, fundamento bíblico y diligencia. No permitas que el miedo a la gente le hagan tratar a media estos temas o suavizar la letalidad del pecado. Que nos armemos, orando y adorando con el fin de ser revestidos en Su fuerza y presencia es fundamental para navegar por la vida. Para quienes huyen de la adicción, comprender la ferocidad del enemigo y su deseo de robar, matar y destruir es muy importante. Pero, de igual manera, estar conscientes de su derrota en la cruz y de que Tú, nuestro Salvador, eres más fuerte, es lo más importante y es una verdad vivificadora. Ayuda al orador a presentar esta batalla cósmica, presentando el final desde el principio, que Tú has vencido al mundo y que todo lo que necesitamos hacer es aferrarnos a ti, amarte y seguirte con todo nuestro corazón para triunfar en este mundo y entrar a la eternidad que pasaremos contigo. En el nombre de Jesús. Amén.

Ejemplo de Charla:
Introducción

Empecemos por la lectura de algunos versos del libro del Génesis:

La serpiente era más astuta que todos los animales del campo que Dios el Señor había hecho, así que le preguntó a la mujer: ¿Es verdad que Dios les dijo que no comieran de ningún árbol del jardín?

Podemos comer del fruto de todos los árboles –respondió la mujer–. Pero, en cuanto al fruto del árbol que está en medio del jardín, Dios nos ha dicho: "No coman de ese árbol, ni lo toquen; de lo contrario, morirán".

Pero la serpiente le dijo a la mujer: ¡No es cierto, no van a morir! Dios sabe muy bien que, cuando coman de ese árbol, se les abrirán los ojos y llegarán a ser como Dios, conocedores del bien y del mal (Génesis 3:1-5 NVI).

Algunos de ustedes conocen esa historia muy bien. Para otros, puede ser completamente nueva. En un momento, vamos a hablar de ella y analizaremos esa conversación que tuvo lugar entre una serpiente y una mujer llamada Eva.

Esta noche, nuestro propósito es hablar de mantenernos a salvo de ceder a las tentaciones.

Todos ustedes conocen muy bien el concepto de provocaciones. Son cosas que podrían atraerlo de nuevo a la adicción. Ustedes han aprendido o están aprendiendo a cómo detectar esas cosas y a evitarlas o controlarlas con sabiduría.

Pero, hablemos de provocaciones en una forma bíblica en esta noche. La Biblia tiene otra palabra para "provocaciones", y es tentación. Una definición de la tentación es que se trata de una "solicitud a lo que es malo."[17] En otras palabras, la tentación es una invitación a hacer lo malo – a hacer algo que no está en la voluntad de Dios.

Una provocación es una forma de tentación. Es una invitación a volver a nuestra antigua y dañina forma de vida. Y si se trata de una invitación, entonces eso significa que detrás de algo que lo provoca a volver a las drogas o a hacer otra cosa que lo lastime a usted o a otras personas, hay *alguien* invitando. Usted puede pensar: "Oh, se trata de mí y mis pensamientos que están empezando a llevarme por el mal camino." Y puede que usted tenga razón. Usted puede encontrarse a sí mismo teniendo esos pensamientos y decir: "Esto hay que corregirlo" y a continuación, regresar al camino correcto.

Pero, quiero sugerirle en esta noche que a menudo detrás de las provocaciones y las tentaciones, están las fuerzas del mal. La Biblia se refiere a ese enemigo como Satanás o el diablo. Al igual que Dios, él tiene planes para su vida, aunque no son planes para darle esperanza y un buen futuro. Esperanza y un buen futuro son el deseo de Dios para usted (Jeremías 29:11). El plan de Satanás, por el contrario, es matar, robar y destruirlo a usted. Él no tiene otro *plan* que no sea ese (Juan 10:10). Él quiere aniquilarlo.

Debo detenerme aquí y decir que la gente tiene distintas opiniones acerca de la naturaleza personal del mal. Hay gente que dice que no hay tal cosa como Satanás o los espíritus. Otros ven un demonio en cada esquina. En algún punto entre estas dos formas de ver el mundo, existe una perspectiva saludable y equilibrada. Esta perspectiva dice que "sí hay fuerzas del mal, pero que no son responsables de todas las cosas. Y Dios es mucho más fuerte que esa banda de rebeldes". Sin embargo, si usted comienza a estudiar la Biblia sobre este tema de Satanás y las fuerzas del mal, encontrará que se menciona muchas veces, especialmente en el Nuevo Testamento. También podrá protegerse y orar con mucha más precisión sobre las cosas difíciles en su vida.

Así que escuchemos un poco más lo que dice la Biblia sobre la naturaleza de Satanás y sus ayudantes.

El apóstol Pablo escribió sobre ellos de esta manera. Él dijo:

Una palabra final: sean fuertes en el Señor y en su gran poder. Pónganse toda la armadura de Dios para poder mantenerse firmes contra todas las estrategias del diablo. Pues no luchamos contra enemigos de carne y hueso, sino contra gobernadores malignos y autoridades del mundo invisible, contra fuerzas poderosas de este mundo tenebroso y contra espíritus malignos de los lugares celestiales. Por lo tanto, pónganse todas las piezas de la armadura de Dios para poder resistir al enemigo en el tiempo del mal. Así, después de la batalla, todavía seguirán de pie, firmes (Efesios 6:10-13 NTV).

Pablo habla de las "estrategias del diablo". Otras traducciones hablan de los "artimañas del diablo". Usted sabe que si un equipo puede conseguir el libro de jugadas del equipo contrario (aunque eso no sería justo), podrían ganar un juego mucho más fácil. Si un general logra conocer el plan de batalla del general enemigo antes que comience la pelea, tendrá muchas más probabilidades de ganar la batalla e incluso la guerra.

Tenemos que entender que hay un enemigo de Dios y de nosotros; y nos ayudará enormemente si conocemos sus estrategias y estamos preparados antes de que lance un ataque.

Conocí a una mujer joven que estaba en libertad condicional, tratando de enderezar su vida después de la adicción, la cárcel y la actividad delictiva. Un día, mientras la llevaba en mi carro, me dijo: "Sabes una cosa, yo solía tener miles de dólares conmigo como algo habitual. Yo tenía un novio que era traficante y yo lo ayudaba. Cuando caminaba por la calle, podía ver que la gente sentía miedo y respeto por mí. Yo era una tipa dura".

"Eso suena bastante satisfactorio en la superficie", le dije. "Dinero, una relación, el respeto de la gente, o al menos el temor. Y entonces ¿qué pasó?"

"Lo perdí todo", dijo. "Hasta el peso. Bajé tanto que tenía la piel pegada a los huesos. ¡Noventa libras! La policía nos detuvo. Perdí a mis hijos. Muchas de las cosas en nuestra casa que habíamos comprado con ese dinero fueron confiscadas. Fui a la cárcel, me dieron libertad condicional. Ahora no tengo nada".

"Entonces," le dije, "si vienen momentos en los que piensas: 'esos eran los buenos tiempos, me gustaría volver', ¿qué haces con esa tentación?".

"Reproduzco la cinta hasta el final y se me quitan los deseos de hacer las cosas que me hicieron terminar así", dijo.

Es una frase que le he escuchado decir a más de una persona en recuperación: "Reproduzco la cinta hasta el final".

Cuando estemos pensando en como enfrentar las provocaciones y evitar las tentaciones, una de nuestras primeras defensas es recordar "cómo me fue la última vez que cedí a esta cosa". Reproduzca la cinta hasta el final. A menudo será suficiente para que desistamos ir por el conocido camino del fracaso.

Pero pensemos en otras medidas de seguridad para mantenernos protegidos contra las malas decisiones.

En la historia bíblica que leímos en esta noche, la serpiente/Satanás tienta a Eva diciéndole algunas cosas que él siempre dice. Cuando usted piensa acerca de las formas en las que ha sido tentado a hacer lo malo, puede ver cómo esta historia se conecta con sus experiencias.

Satanás es Astuto

Si usted tiene un punto débil, Satanás lo encontrará. Es como escoger la carnada correcta cuando usted está pescando.

Acostumbrábamos a llevar a nuestros hijos a pescar cuando eran pequeños. Teníamos un señuelo que parecía un pequeño pez plateado brillante. Tenía dos anzuelos. Tan pronto como usted lo echaba al mar, un pez lo "mordía", casi antes de que golpeara el agua. Incluso nuestra hija de cuatro años de edad (en aquel momento), agarraba peces a diestra y siniestra y a veces agarraba dos a la vez. Con ese señuelo perfecto, pescábamos como profesionales.

Satanás conoce la carnada para usted. Él sabe dónde está creciendo con fuerza y sabe donde aún es débil. Él usará los señuelos que le atraigan a meterse en problemas a través de esas debilidades. Eva quería más, a pesar de que Dios le había dado a ella y a Adán todo un jardín, Su compañía, y la libertad de hacer prácticamente todo lo que deseaban, excepto comer de un árbol en medio del jardín. Ella quería más. Su manera de pensar era incorrecta y carecía de gratitud.

Satanás nos Tienta a Dudar de Dios

La serpiente comenzó a hacer su trabajo en Eva, causando duda en su mente acerca de la bondad de Dios y la naturaleza de sus instrucciones. Le dijo a Eva: "¿Estás segura de que Dios dijo...?" Eso fue con la intención de nublar su pensamiento y hacer que fuera difícil para ella recordar. Él quería que ella dudara en su mente. "¿Él dijo esto o dijo esto otro?".

Entonces Satanás dijo: "¿Estás segura de que Dios dijo que no comieran de ningún árbol del huerto?". Bueno, eso, por supuesto, no fue en absoluto la instrucción de Dios. Él no dijo que no se podía comer de los árboles. Ellos podían comer de todos los árboles, excepto uno. Sólo había un árbol prohibido en todo el jardín. Satanás siembra duda en nuestras mentes acerca de la bondad de Dios y de Sus instrucciones. Satanás insinuó que Dios no deseaba que ellos también fueran sabios y discernieran entre el bien y el mal. Él plantó la semilla de la sospecha de que Dios les estaba ocultando algo. Él lo hizo parecer como que la vida tenía mucha menos calidad si no comían de ese árbol. Su tentación fue de esta manera –semillas de descontento, silenciosamente plantadas–. "Están siendo engañados", les estaba susurrando.

Satanás nos Tienta a Olvidar lo que Tenemos

En el momento de su interacción con la serpiente y en su deseo de tener más, la serpiente había dicho: "Van a ser como Dios, conocedores del bien y del mal". La serpiente le estaba diciendo a ella y nos dice a nosotros: "Si tú haces las cosas a la manera de Dios, tu mundo será demasiado limitado. Si vas en la dirección que te estoy señalando, tendrás más libertad, poder, conocimiento, riquezas, diversiones" –lo que sea que Satanás esté agitando delante de usted como una tentación en ese momento.

Pero Adán y Eva tenían tantas cosas en Dios. El hermoso jardín. Todos los animales. Intimidad. Autoridad. Lo único que tenían que hacer para ser obedientes era alejarse de <u>un</u> árbol. Sólo uno.

¿Cuántas veces son nuestras vidas así? Cuando realmente pensemos en dónde estamos y lo que Dios ha hecho por nosotros, veremos amistades, seguridad, madurez, nuevas oportunidades, gozo, buenas experiencias, fe; tanto que Dios nos ha dado o restaurado en nosotros. Y si somos pacientes, oramos, y nos enfocamos en la bondad de Dios, también veremos que lo que viene en camino tiene el potencial para ser mejor. Pero Satanás quiere que estemos insatisfechos y nos quejemos, sin ver todo lo que el Señor ha hecho. Él quiere que olvidemos nuestra identidad como pueblo de Dios y la identidad de Dios como Proveedor, Cumplidor de promesas, Salvador, y mucho más.

Satanás Minimiza el Resultado

Eva dijo que el castigo por comer del árbol prohibido sería la muerte. Pero la serpiente con voz astuta dijo: "Ciertamente no morirás". Por eso es tan importante entender el carácter sobrenatural de y detrás de la tentación. El diablo quiere hacernos creer que no habrá malos resultados si lo seguimos a él –sólo ganancia.

Pero igual que dijo mi joven amiga sobre amar a un traficante de drogas y participar en sus negocios, cuando reprodujo "la cinta" hasta el final no sintió ningún deseo de volver a esa forma de hacer lo que había sido un montón de dinero. Su deseo era encontrar alguna otra manera de estar segura. Comenzó a trabajar en su Diploma de Bachillerato y a tomar otros pasos para crecer y tener más capacidad de ganarse la vida.

El diablo no quiere que pensemos en la culpabilidad y las pérdidas que vendrán al escuchar su voz y obedecerla.

Tenemos que comenzar a reconocer más rápida y completamente cuando sea su voz.

Si escuchamos palabras que nos desaniman, que hacen que nos sintamos oprimidos, tristes y miserables, lo más probable es que él esté provocando esas emociones. Podemos "gruñirle": "En el nombre de Jesús, vete. No estoy escuchando".

Si lo que escuchamos son palabras de invitación a hacer algo que sabemos está mal, acompañadas de pensamientos que nos dicen: "Eso no es gran cosa. Todo el mundo lo hace. Nadie lo notará. Has trabajado duro, te mereces un descanso, te mereces *eso*," o excusas similares, lo más probable es que sea el diablo también.

Todo lo que oiga en su mente, examínelo a la luz de estas dos preguntas: "¿Eso suena como Dios? o ¿eso suena como el maligno?".

Si escucha que está siendo acusado y menospreciado y por lo tanto, usted es tentado a hacer algo malo para motivarse a sí mismo, lo más probable es que sea la voz del enemigo. Con la práctica, usted podrá comenzar a darse cuenta cuando Satanás regrese a intentar hacerle tropezar nuevamente.

Vamos a cerrar en esta noche escuchando el resto de lo que el apóstol Pablo escribió en Efesios 6, es la manera de protegernos de los señuelos del diablo:

> Por esa razón, vístanse con toda la armadura de Dios. Así soportarán con firmeza cuando llegue el día del ataque de Satanás y después de haber luchado mucho todavía podrán

resistir. Entonces manténganse firmes, pónganse el cinturón de la verdad y protéjanse con la coraza de la justicia. Prepárense poniéndose el calzado de anunciar las buenas noticias de la paz. Pero sobre todo, tomen el escudo de la fe para detener las flechas encendidas del maligno. Utilicen la salvación como casco protector. Tomen la espada del Espíritu, que es la palabra de Dios. Oren y pidan siempre con la ayuda del Espíritu. Manténganse alerta y no dejen de orar por todo el pueblo santo (Efesios 6:13-18 PDT).

La próxima vez que esté furioso o lloroso, o note que su mente está considerando hacer algo que usted sabe que no debería hacer, piense: "¿Es idea que me estoy haciendo o estoy recibiendo una invitación a tener problemas?". Usted mejorará su habilidad de darse cuenta cuando Satanás le está ofreciendo algo y dejará de "morder".

Y luego ore y alabe a Dios como si todo dependiera de eso, porque todo depende de eso. No hay mayor ruta de escape que comenzar a alabar y adorar a Dios. Piérdase en la presencia del Señor y será inmune a los trucos del diablo. "Así que sométanse a Dios. Resistan al diablo, y él huirá de ustedes" (Santiago 4:7 NVI).

Preguntas para los Grupos Pequeños

1. ¿Cuánto ha pensado sobre el origen del mal en este mundo? ¿Tiene sentido que exista una "inteligencia" detrás del mal y que las personas pueden ser engañados y manipulados por el mismo?

2. Hay palabras en las Escrituras sobre Satanás "incitando, tentando y entrando en Judas (el traidor de Jesús)"...y entonces, "Fue la noche". (Comenzando en Juan 13:2) ¿Tiene sentido que mientras más cedemos al mal, más control tiene sobre nosotros?

3. ¿Qué enseñanza ha escuchado sobre lo demoníaco en el pasado? ¿Eso tiene sentido para usted? ¿Qué preguntas tiene ahora?

4. Las Escrituras dicen que Jesús derrotó a Satanás y a sus ejércitos en la cruz. "Desarmó a los poderes y a las potestades, y por medio de Cristo los humilló en público al exhibirlos en su desfile triunfal" (Colosenses 2:15 NVI). Entonces, ¿por qué cree que todavía podemos ser molestados por las fuerzas del mal?

5. En la charla, usted escuchó que uno de nuestras mayores rutas de escape de la opresión y el desaliento del "enemigo" es comenzar a alabar a Dios. ¿Lo ha probado? ¿Funciona como una estrategia de escape para usted?

7

Adquiriendo Hábitos Santos

Versículos Claves

Por tanto, todo el que me oye estas palabras y las pone en práctica es como un hombre prudente que construyó su casa sobre la roca. Cayeron las lluvias, crecieron los ríos, y soplaron los vientos y azotaron aquella casa; con todo, la casa no se derrumbó porque estaba cimentada sobre la roca. Pero todo el que me oye estas palabras y no las pone en práctica es como un hombre insensato que construyó su casa sobre la arena. Cayeron las lluvias, crecieron los ríos, soplaron los vientos y azotaron aquella casa. Esta se derrumbó, y grande fue su ruina (Mateo 7:24-27 NVI).

El hierro se afila con el hierro, y el hombre en el trato con el hombre (Proverbios 27:17 NVI).

Asuntos a Considerar por el Orador

Una de las últimas instrucciones que Jesús le dio a su pequeño círculo de devotos discípulos fue la de ir y hacer otros discípulos. Mateo 28:18-20 (NVI) describe esta escena:

> Jesús se acercó entonces a ellos y les dijo: Se me ha dado toda autoridad en el cielo y en la tierra. Por tanto, vayan y hagan discípulos de todas las naciones, bautizándolos en el nombre del Padre y del Hijo y del Espíritu Santo, enseñándoles a obedecer todo lo que les he mandado a ustedes. Y les aseguro que estaré con ustedes siempre, hasta el fin del mundo.

Una de las primeras cosas que debemos a aprender a hacer como cristianos es a ser discípulos de Jesús, y luego ayudar a otros a hacer lo mismo. Una de las definiciones de discípulo en el diccionario es "una persona que sigue la opinión de una escuela." [18]

En los tiempos de Jesús, los discípulos se unían a rabinos muy doctos, siguiéndoles por todas partes, imitando la manera en que se conducían, sirviéndoles y aferrándose a sus enseñanzas acerca de la escritura como supremamente autoritaria. Felizmente se comprometían y apegaban completamente a rabinos que fueran muy competentes y reconocidos. Los rabinos discipulaban a sus seguidores. En varias escrituras vemos que a Jesús se le llamaba "Maestro" o "Rabí". Es ese mismo sentido de compromiso y apego total que sentimos hoy cuando decimos: "Debemos ser discípulos de Jesucristo". Nuestras vidas deben girar totalmente alrededor de Aquel a quien seguimos, sometiendo cada área bajo Su dirección.

La maravillosa diferencia entre unirse a un antiguo rabino y creer en Jesús es que en aquel tiempo la gente admiraba a un ser humano, tratando de imitarlo con sus propias fuerzas y habilidades. Quienes eligen a Jesús también están tratando de obedecer y seguir, pero son llenos de la presencia divina y el Espíritu Santo los empodera. Quienes eligen a Jesús y tratan de seguirlo no lo está haciendo con sus propias fuerzas. Ellos saben de donde emana el poder para lograrlo y lo buscan. Una genuina presentación del evangelio debe presentar estas maravillosas verdades del discipulado cristiano una y otra vez:

Usted acepta a Jesús. Sus pecados le son perdonados y todo es borrón y cuenta nueva. El Espíritu Santo viene a llenarle. Cristo está en usted, a través del Espíritu que mora en usted. El Espíritu constantemente le ayudará a recordar las palabras de Jesús y le llenará de la presencia divina y de poder para cumplir esas enseñanzas. Puede mantener esa conexión divina mediante la oración, la adoración, el estudio de la Biblia y la comunión con otras personas afines. Eso no es USTED tratando de ser bueno. Se ha convertido en una nueva creación. Y usted tiene la vida de Cristo siendo formada y vivida en usted con un empoderamiento divino.

> **Puede mantener esa conexión divina mediante la oración, la adoración, el estudio de la Biblia y la comunión con otras personas afines.**

Esa es la asombrosa realidad que pueden encontrar aquellos que rinden su vida a Cristo. Ya no están teniendo dificultades para hacer las cosas teniendo que apretar los dientes. Tienen la ayuda celestial.

Una de las cosas principales que debemos compartir es cómo hacer eso, cómo llegar a ser un discípulo de Jesús y continuar siendo fervientes. Si podemos enseñarles a las personas en recuperación una nueva forma de vida, la de un discípulo cristiano, y ayudarles a practicarla y arraigarse en ella, tendrán las mejores posibilidades de éxito para obtener y mantener la sobriedad.

El problema que veo en el mundo cristiano, especialmente con las personas que están en recuperación y que son nuevos seguidores de Cristo, es que no tienen suficiente apoyo, ni se les enseña sobre la naturaleza vivencial del cristianismo y de lo que significa ser como Cristo. El concepto de que el discipulado es una elección diaria y que debemos utilizar los "medios de gracia" diariamente, es nuevo. Debemos hacer énfasis en practicar la fe poniendo en acción las palabras de Jesús.

¿Qué son los medios de gracia? Son maneras a través de las cuales permanecemos conectados con Dios para tener constantemente Su presencia, poder, amor, instrucción y orientación. También son maneras, a su vez, de compartir Su presencia y poder donde quiera que tengamos influencia. Éstos incluyen prácticas como el ayuno, la oración, el estudio de las escrituras, adoración, ser bautizados, recibir la comunión, dedicar tiempo a la comunidad cristiana y hacer actos compasivos.

He visto demasiadas personas tener problemas en su recuperación y regresar al comportamiento de antes porque lo más lejos que habían llegado era a admitir que "Jesús es una buena persona", y a decir "yo debería ser como Él". Se quedan estancados en algún lugar entre su vaga noción original de Dios –"Él existe"– y un entendimiento confuso y primitivo de Jesús. "Se supone que yo haga la oración de fe y que trate de ser bueno". No desarrollan una relación profunda e íntima con Jesús nutrida por tiempos de devocional privado, lo cual es el próximo paso. Quizás nadie les ha enseñado o modelado que realmente se puede conocer a Dios a través del Espíritu Santo. Usted puede oír Su voz a través de las escrituras, la adoración, sueños, visiones, etc. Este "asunto" es real. Y para "resistir al diablo", usted debe "someterse" o totalmente entregar su vida a Dios y Sus caminos (Santiago 4:7). Cada día debe ser una nueva oportunidad para levantarse y decir: "Aquí está mi vida, Señor". Señor puede parecer una palabra antigua, pero el sentido que tiene es que "Dios me guía, y mi vida está totalmente rendida a Él". Esa actitud mental con respecto a Dios guiando nuestras vidas es una fuente de seguridad, ya que no tendremos un pie en el territorio del Señor y un pie en el mundo. Ese tipo de vida informal y los peligros que trae consigo son causados por la falta de reverencia hacia Dios.

Como he dicho antes, el problema con este tipo de relación ligera con Cristo, que es a veces la situación de los nuevos convertidos en recuperación, es que tan pronto como la presión viene, la vieja manera de actuar renace. Cuando no se está *establecido* en la fe, es fácil comenzar a retroceder.

Un sabio oficial de la cárcel una vez me lo dijo de esta manera: "Supongamos que eres diestra y alguien te dice, 'No, a partir de ahora, necesitas ser zurda'. Es lo mismo que le sucede a alguien que ha vivido una vida de criminal o adicto, o ambas. Cuando intentan dejarla, pueden sentirse extraños. Tienen que cambiar de algo que conocen a algo que se siente tan nuevo y a veces incómodo. Todo irá bien si no hay ningún problema en su vida y tienen toda la facilidad para usar esa incómoda 'mano zurda'. Pero cuando comienza la presión, es fácil volver a lo que siempre han conocido". Él estaba, por supuesto, hablando de los presos en su cárcel que estaban aprendiendo nuevas habilidades sociales y que debían tener suficiente tiempo para practicarlas y suficientes mentores para ayudarles a lograr una transición sólida. Sin la práctica y el apoyo suficientes, podrían fallar fácilmente. Si algo va mal en sus vidas después de ser liberados, digamos una cuenta por pagar inesperada, o una pérdida del puesto de trabajo, muy pronto podrían volver a actividades ilegales, porque eso es lo que siempre han conocido.

Debemos entender la necesidad de un discipulado bueno y efectivo en cada comunidad, pero especialmente con aquellos que están tratando de escapar de la multifacética "prisión" de la adicción. Las personas que han sido adictos han estado presas en sus mentes y en sus cuerpos. Si alguien ha tenido también la experiencia de quebrantar la ley para financiar su adicción y han parado en la cárcel, necesitan mucha ayuda para reformar sus metas, sus corazones y sus vidas. Aceptar a Jesucristo y ser llenos del Espíritu Santo abre de golpe las "puertas de la cárcel", pero luego, es crítico que haya una buena enseñanza y un buen apoyo en cómo hacer del discipulado su caminar en este mundo. Amor y lealtad hacia ellos, una enseñanza firme combinada con una enorme compasión, estas son las cosas que ayudarán a un estilo de vida cristiano apropiado. Discipular lleva tiempo y es de vital importancia.

> **La creencia principal y fundamental de un discípulo de Cristo es que Jesucristo es Dios.**

¿Qué es un discípulo de Cristo?

La creencia principal y fundamental de un discípulo de Cristo es que Jesucristo es Dios. Él es Salvador, Redentor y Señor. Él es Dios que se hizo carne por el bien de un mundo pecaminoso y rebelde. La única manera de estar reconciliados y tener una buena relación renovada con Dios es recibiendo por fe a Cristo en nuestros corazones como nuestro salvador personal; como aquel que nos perdonó en la cruz y nos dio nueva vida a través de Su resurrección. Jesús no es una opción y no es simplemente un "gran maestro" o "un ser humano totalmente autorrealizado". El verdadero cristianismo presenta a Jesús como Dios, totalmente humano, pero totalmente divino. Creemos que para que ocurra una transformación en nosotros debemos rendir nuestras vidas a Él.

El primer paso en el discipulado es, entonces, rendirse. Usted no puede encontrar la vida como fue originalmente diseñada por su propia cuenta. Usted necesita ayuda. Necesita lo que sólo Dios puede hacer por usted. Y Dios lo ha hecho de una manera particular. Él absorbió nuestro pecado y nuestro quebranto en sí mismo en la forma de Jesús en la cruz. Todo lo que se necesita es que nosotros comprendamos que Él nos amó hasta el punto de quitarnos nuestras cargas. Eso se cumplió en lo sobrenatural. Ahora, tenemos que recibirlo en lo natural. Necesitamos decir: "Gracias, Jesús. Acepto lo que has hecho". Así como los antiguos discípulos, necesitamos unirnos a Aquel cuyos caminos están por encima de todos los demás –a Jesucristo.

En la Biblia, se afirma que "Jesús es el sacrificio por el perdón de nuestros pecados, y no solo por los nuestros, sino por los de todo el mundo" (1 Juan 2:2 NVI). Él es declarado el Salvador de todo el mundo, ya sea que el mundo le reciba o no.

El arrepentimiento es parte de ese primer paso hacia la vida cristiana. Es la respuesta a hacernos conscientes de un Dios santo. Reconocemos que hay algo básicamente mal con nosotros. Vemos que, si queremos ser discípulos, debemos ser diferentes al mundo que nos rodea. Nos damos cuenta de que hemos compartido demasiado con el mundo. Nuestra forma de actuar y de relacionarnos con los demás no puede seguir ajustándose más a la forma del mundo. Decimos: "Lo siento, perdóname". Recibimos el perdón que tuvo lugar en la cruz. Pasamos a fijar nuestra mirada en Jesús, diciendo: "Ahora, ¿cómo debo vivir?".

Donde antes el "no discípulo" haya pensado en sus propias necesidades en primer lugar y por encima de las demás cosas, el discípulo de Jesús es uno que pone las necesidades de otros antes que las de él. Donde el mundo puede haber aconsejado: "Siempre ocúpate primero de ti mismo, porque nadie más lo va a hacer" como la forma más inteligente de transitar por la vida, el discipulado cristiano nos enseña a compartir, cuidar, y humildemente poner a los demás antes que a nosotros mismos.

El cristianismo está lleno de frases con la expresión unos a los otros: "Amaos los unos a los otros", "perdónense los unos a los otros" "Perdónense los unos a los otros como el Padre los ha perdonado". Por ejemplo, en las Escrituras escuchamos:

> Más bien, sean bondadosos y compasivos unos con otros, y perdónense mutuamente, así como Dios los perdonó a ustedes en Cristo. Por tanto, imiten a Dios, como hijos muy amados (Efesios 4:32-5:1 NVI).

Este "perdónense mutuamente" en la fe cristiana es radical como discutiremos en un capítulo más adelante. No solamente se supone que perdonemos las pequeñas infracciones de personas decentes, pero debemos perdonar a enemigos crueles, aquellos que nos persiguen.

Dios nos pide que llevemos el mensaje de libertad al mundo a través de Cristo. El discipulado debe hacernos alcanzar y ayudar a otros. "De este modo todos sabrán que son mis discípulos, si se aman los unos a los otros" (Juan 13:35 NVI). Nuestra vocación como seguidores de Jesús es ayudar a los demás con nuestro tiempo, talento y dinero. Debemos convertir los actos de misericordia en parte de nuestro diario vivir. Debemos llevar a Jesús y por lo tanto, lo milagroso, al mundo, ministrando sanidad, contando la historia de Jesús, y dando nuestro testimonio de cómo Él nos amó y nos liberó. Este es un principio fundamental del cristianismo, que debemos "compartir las buenas noticias de Cristo y nuestra propia liberación a través de Él". No podemos quedarnos callados. De hecho, Jesús, en sus instrucciones finales a sus discípulos, les dijo que fueran y esperaran en Jerusalén por un empoderamiento que vendría sobre ellos que les haría capaces de compartir su fe en Cristo verbalmente y a través de su estilo de vida. Él les dijo que esperar y recibir el bautismo del Espíritu Santo haría lo siguiente por ellos:

> ...Cuando venga el Espíritu Santo sobre ustedes, recibirán poder y serán mis testigos tanto en Jerusalén como en toda Judea y Samaria, y hasta los confines de la tierra (Hechos 1:8 NVI).

Una de las cosas más difíciles para la gente es poder compartir su fe vocalmente; ser abiertos y osados sobre quiénes son en Cristo y decirles a los demás cómo llegaron a donde están, lo que eran antes, y lo que Cristo ha hecho por ellos. Muchas personas dicen: "Pero la gente sabe que yo soy un cristiano por mi amor, por mis buenas obras". No cabe duda de que podrán reconocer que "algo es diferente" por los actos inusuales de bondad y servicio, pero tenemos que ser capaces de hablar y compartir lo que es ser "salvo por Jesús". Debemos testificar en los momentos adecuados cuando el Espíritu Santo nos mueva a hacerlo. Tenemos que ser capaces de hablar del pecado y la salvación y otros aspectos de la fe. No ayudamos a la gente dejándolos donde están, sin darles una oportunidad de conocer y recibir a Jesús. Por lo tanto, un fuerte componente del discipulado cristiano es hablarles a otros acerca de la vida cristiana y de Aquel que está en el centro de ella, Jesús. Que podamos ser capaces de hacer eso depende de nuestra relación con el Espíritu Santo. Sin Él, nos encontramos a menudo débiles y asustados.

Además de testificar verbalmente, está ministrar como Jesús. Eso también es parte del estilo de vida cristiano y Jesús lo prometió.

Ciertamente les aseguro que el que cree en mí las obras que yo hago también él las hará, y aun las hará mayores, porque yo vuelvo al Padre (Juan 14:12 NVI).

Llenos del Espíritu Santo, los discípulos pueden ministrar a creyentes y no creyentes por igual y tener la expectativa de ver milagros. Muchos no creyentes son más receptivos a la oración de sanidad que los creyentes. Y debemos animar a aquellos en recuperación a creer que el Espíritu Santo obrará a través de ellos en este ministerio de sanidad así como hizo en Jesús. Esa capacidad no sólo está reservada para aquellos que han llevado vidas circunspectas. La verdad es que ninguno de nosotros ha llevado una vida circunspecta. Todos nosotros hemos "pecado y estamos destituidos de la gloria de Dios" (Romanos 3:23 NVI). Pero muchos adictos se sienten especialmente muy indignos. Usted debe ayudarlos, a través de esta y otras charlas, a que se den cuenta que Dios es el único que es digno. Nosotros no. Todos nosotros, de una u otra forma, nos hemos rebelado. Pero Él está lleno de gracia y de amor para la humanidad, deseando que todos nosotros estemos nuevamente en Él y escogiendo obrar a través de cada uno de nosotros, a pesar de nuestros defectos.

Una de mis ilustraciones favoritas sobre esto es una noche en una sesión de recuperación donde la charla había sido sobre el ministerio de sanidad. Le pregunté a mi pequeño grupo al finalizar la reunión: "¿Alguien tiene algún problema de salud y necesita oración? No sólo vamos a oír hablar de sanidad. ¡Vamos a practicarla!". Una de las mujeres dijo que ella tenía un dolor en un tobillo que se lastimó en un accidente y le estaba dando problemas en su trabajo porque tenía que permanecer de pie durante largas horas. Ella nos dijo que le habían puesto un metal en su tobillo durante la cirugía.

Le pedí al grupo de personas en recuperación, algunos de los cuales habían estado encarcelados, que ministraran sanidad usando frases cortas como: "Dolor, vete; huesos, músculos y ligamentos, fortalézcanse en el nombre de Jesús, etc." Se reunieron alrededor de ella, algunos nuevos en la fe, algunos con más experiencia, todos tenían en común la experiencia con la adicción y la recuperación, algunos pusieron sus manos sobre ella y le ministraron sanidad. Al final de este tiempo de sanidad incluimos la frase: "Y metal, desaparece".

Un par de semanas más tarde, yo estaba de vuelta con el grupo y le pregunté, "¿Está mejor su tobillo?". Ella me dijo: "Pues sí, está mejor", y mientras respondía, levantó su tobillo, lo colocó sobre su rodilla y comenzó a tocarlo para confirmar su propio informe. De repente, dijo con su voz entre cortada: "¡¡Ya no puedo sentir el metal!!". Fue encantador. Ella estaba tan sorprendida por su propio descubrimiento milagroso que se quedó sin palabras durante bastante rato. Muchos meses después, recibí un mensaje en línea de ella:

"¡Todavía estoy sana!", dijo. "¡Esto ha aumentado mi fe enormemente!".

El punto es que Dios trabaja a través de todos nosotros. Nosotros NO nos calificamos a nosotros mismos. ¡¡¡Él nos califica!!! Y no hay nada que cause más deleite que ver a alguien que estaba lejos de Él, convertirse en uno de Sus mejores defensores y portavoces. ¡El discipulado es importante! Ayudar a otras personas a comprender las muchas dimensiones de ser un cristiano, elogiar sus novatos esfuerzos, respaldar cada principio con la escritura y enseñarles más, es muy importante.

Enseñarles a enseñar a otros también será importante. Y que ellos permanezcan arraigados a esta nueva vida es el objetivo.

Gran parte del discipulado es unirse a una comunidad de discípulos, es decir, una iglesia –que no es un edificio, debemos recordar, sino un cuerpo de personas– y crecer con ellos. Es importante adorar, orar y estudiar las escrituras a solas, en horarios regulares de devoción personal como ya mencionamos anteriormente. Pero es muy importante hacer estas cosas con otros, y relacionarnos con personas de más sabiduría, experiencia y madurez, si es posible.

Las comunidades de las iglesias nunca son perfectas. En ellas se encuentran personas en todas las etapas de su propia "recuperación" del pecado. Hay personas con diferentes heridas en el alma que no han sido sanadas. Y por lo tanto, hay posibilidades de afrentas y conflictos. Debemos unirnos a nuestras iglesias con la idea de que "en cuanto dependa de [mí, viviré] en paz con todos" (Romanos 12:18 NVI). "Voy a ser un pacificador, no un agitador". Uno aprende las habilidades de perdonar y ser compasivo sólo al estar con la gente, no por andar solitario.

Aunque hay muchas más cosas que se pueden enseñar en esta lección sobre el discipulado, probablemente la exhortación de Jesús a "tomar su cruz cada día, y seguirlo", será sumamente importante incluirla. A veces nos toma por sorpresa que convertirse en cristiano no elimina automáticamente todas las dificultades de la vida. Pero para un adicto en recuperación con sus luchas, quizás alguien que tiene grandes costos de corte que pagar, trabajando en un trabajo de bajo salario y con problemas de salud debido a la adicción, los contratiempos pueden convertirse en una verdadera "noche oscura del alma". "¿Por qué, oh Dios, por qué me has abandonado?", puede ser un comprensible clamor cuando las cosas se ponen difíciles.

Ayudar a aquellos recuperándose de la adicción a captar la idea de un sufrimiento lleno de significado y a agarrarse de la fe, incluso durante momentos intimidantes, será un gran desafío. En el pasado, muchos de ellos se drogaban o huían para tratar de lidiar con el dolor. Sostenerse del amor de Dios y Su presencia para superar el dolor puede ser muy nuevo, pero podemos ser ejemplo para ellos y puede ser enseñado y recibido a través de la oración, la repetición y nuestro apoyo. Ese es su reto, ayudarles a llegar al lugar donde ellos constantemente reaccionen como un discípulo porque ya es su "posición por defecto".

"El Señor me sacó a un amplio espacio; me libró porque se agradó de mí" (Salmo 18:19 NVI).

Oración por el Orador y la Charla

Precioso Señor, Tú tienes una manera de vivir para nosotros que no es la de este mundo. Va en contra de su cultura, pero al mismo tiempo se supone que sea una vida de gozo, risas, acogimiento y servicio. Te pido que este orador cada día pueda crecer más cerca de Ti, y tenga más denuedo para vivir una vida cristiana. Te pido que lo ayudes a deshacerse en su vida de cualquier cosa que le impida hacerlo. Ayúdale a enseñar este concepto de ser seguidores apasionados y a ser disciplinados, aunque sea difícil o impopular. Ayúdale a enseñar a tener intimidad contigo, de manera que servirte a Ti y no al mundo, se convierta en algo lleno de amor, deleite y realización. En Tu Nombre. Amén.

Ejemplo de Charla:
Introducción

En el béisbol, existe lo que se conoce como un lanzador abridor y un cerrador. El punto es que la persona que inicia el juego no se supone que lance el juego completo. Su brazo se cansará. Su precisión mermará. Otro lanzador o lanzadores vendrán al final y terminarán el juego una vez que el primero ha alcanzado una cierta cantidad de lanzamientos o de entradas lanzadas.

La vida no es así para nosotros, ¿verdad? Somos el abridor y el cerrador. Nuestro trabajo es iniciar y terminar nuestra vida con la esperanza de terminarla tan bien o mejor que lo que hicimos en el principio y en el medio.

El Apóstol Pablo dijo casi al final de su vida: "He peleado la buena batalla, he terminado la carrera, me he mantenido en la fe" (2 Timoteo 4:7 NVI).

Ojalá todos podamos decir esto al final de nuestras vidas. "He terminado bien".

Alguien que no terminó tan bien fue el rey Salomón (1 Reyes 11:1-13). Si no conoce ese nombre, fue un rey muy famoso en el antiguo Israel. Era el hijo de otro hombre famoso, el rey David.

Salomón era conocido por su sabiduría y por la habilidad de gobernar a su pueblo. Se hizo extremadamente rico. Había hecho a Dios su primera prioridad y como resultado, muchas bendiciones vinieron a él. Pero...

Con el pasar de los años, comenzó a descuidarse. Se casó con muchas mujeres, lo cual era permisible en aquellos días, pero eran mujeres procedentes de otros países y religiones. Muy pronto, él ya no estaba consagrado a Dios. Comenzó a practicar la fe de sus esposas. Esto condujo a muchas cosas malas. Su reino se dividió después de su muerte. Él introdujo y permitió ideas oscuras en su nación causando gran cataclismo como consecuencia. Salomón transigió en su fe.

Él no se despertaba cada mañana y decía: "Tengo que escoger hacer lo correcto y creer en las cosas correctas nuevamente. Este es un nuevo día". Él se descuidó de su discipulado, de seguir a Dios.

Manténganse Diligente

¿Qué es el discipulado? El discipulado es poner a Dios en primer lugar en su vida. Es aprender todo lo posible acerca de quién es Jesús y de lo que Él quiere que hagamos y seamos. Es constantemente mantener prácticas como la adoración, la oración, la lectura de la Biblia y hablar con otros acerca de la fe. Usted no puede permitir un desliz en estas cosas porque sino usted también empezará a deslizarse –hacia atrás.

Jesús desea que perdonemos a los demás, compartamos con los demás y protejamos a los más débiles. Hay muchos conceptos de la fe cristiana que debemos convertir en parte de nuestras vidas. Sabemos que no debemos robar o mentir o hacer daño a otras personas. Es importante mejorar nuestra forma de hablar y no decir malas palabras, si eso ha sido una costumbre del pasado.

Jesús desea que respetemos a las autoridades y nos honremos mutuamente. Que no busquemos venganza. Hay muchas prácticas que nos hacen un cristiano y un verdadero seguidor de Jesús. Eso es lo que significa ser un discípulo. *Es amar a Jesús y hacer las cosas que nos hacen ser como Él.*

Varias personas me han dicho que cuando experimentan una recaída, antes de que realmente comenzara, se habían descuidado de la lectura de la

Biblia, la oración, ir a la iglesia y demás. Debemos aprender algo de eso, ¿no es así? Permanezca cerca de Dios y Él permanecerá cerca de usted y podremos mantener las cosas incorrectas a distancia.

El Hierro se Afila con el Hierro

¿Qué puede usted hacer si siente que se está alejando del discipulado, de seguir a Jesús con todo su corazón? En el caso del rey Salomón, él debería haber anulado algunas de esas bodas con mujeres extranjeras, ¿verdad?

En su caso, ¿qué ocurre si se empieza a alejar de Dios? No está leyendo la Biblia. No está orando. En lugar de perdonar a la gente, se explota contra ellos. Ese es el momento en que realmente necesita llegar a Dios en oración. "Señor, ayúdame. ¿Por qué me está pasando esto?". Quizás, es el momento para sacar a algunas personas o algunos hábitos de su vida que le pueden estar alejando de Dios. Pero también es el momento para acercarse a personas que sean más estables que usted, ¿no es así?

Si hay alguien que parece estar lleno de fe, firme en su discipulado y en la práctica de actividades espirituales, ¿por qué no le dice?: "Hola, estoy pasando por un momento difícil. ¿Puedes leer la Biblia conmigo? ¿Podrías orar por mí? ¿Puedo hablar contigo?".

La Biblia dice que "el hierro se afila con el hierro, y el hombre en el trato con el hombre" (Proverbios 27:17 NVI). Si usted se acerca a alguien que realmente esté buscando de Dios, esa persona le ayudará a enderezar su camino y continuar en pos de Dios.

Recuerdo una vez que estaba en un barco con un pastor mayor y más sabio que yo, llamado Ed. Pastor Ed dijo: "¿Saben por qué vamos a la iglesia una vez por semana?". "No," dijimos, "¿Por qué?". Él dijo: "Porque ese es justo el tiempo suficiente para que olvidemos todo lo que escuchamos la semana anterior y necesitemos escucharlo todo de nuevo".

Los Jardines Necesitan Cuidado

Se nos olvida. Perdemos nuestro impulso. Somos arrastrados por otras cosas. Nuestro corazón es como un jardín. Tenemos que alimentarlo y regarlo, o las cosas buenas que Dios ha sembrado en él morirán. Tenemos que seguir arrancando las "malas hierbas" o ellas ahogarán rápidamente las cosas que Dios está sembrando.

Sí, sería bueno aceptar a Jesús en su corazón por fe y luego decir: "Bueno, eso es todo. Ya estoy listo. No tengo que hacer más nada por eso por el resto de mi vida". Pero no es así cómo funciona el discipulado Para ser más como Jesús, para seguir haciendo las cosas correctas, tenemos que estudiar, aprender, orar, trabajar en nuestra fe y al mismo tiempo, descansar en Dios. Parece que no tiene sentido, ¿no es así? ¿Por fin qué? ¿Necesito trabajar o necesito descansar?

La respuesta es un poco de ambos. Ponemos nuestra mirada en Jesús. Cultivamos nuestra relación de amor con Él. Le damos nuestras vidas. Seguimos buscando de Él, Su belleza, fuerza y gracia, y dejamos que Él nos ayude. Pero "mirarlo a Él" implica abrir nuestras Biblias, meditar en las palabras que hay en ella, asistir a los servicios de adoración, orar, etc. No podemos crecer o permanecer firmes en la fe cristiana sin disciplina, la disciplina de un caminar <u>diario</u> con Cristo. El que usted permanezca cerca de Él, echa fuera otras influencias que le pueden debilitar. ¡Permanezca cerca! Practique su fe. Las cosas que ha escuchado sobre caminar con Jesús, póngalas en práctica. Entonces usted estará construyendo su casa sobre la roca sólida.

Jesús le ama. Manténgalo cerca.

Preguntas para los Grupos Pequeños

1. ¿Qué es lo que le resulta más fácil sobre la vida cristiana? ¿Qué es lo que le resulta más difícil?

2. ¿Tiene a alguien que le asesore, que le enseñe lo que realmente significa ser un cristiano? ¿Asesora usted a alguien? ¿Necesita ayuda como mentor o para convertirse en un uno?

3. Lamentablemente, algunas personas piensan que ser cristiano significa ir a la iglesia y comportarse en ella, sin embargo, viven el resto de la semana de la manera que mejor les parece. ¿Cuál es el problema con eso?

4. ¿Hay algún área de su vida que no ha permitido que Dios toque? ¿Por qué?

5. ¿Qué cree que Jesús quiso decir cuando dijo: "Toma *tu* cruz y sígueme?"

8

Del Resentimiento al Contentamiento

Versículo Clave

No digo esto porque esté necesitado, pues he aprendido a estar satisfecho en cualquier situación en que me encuentre. Sé lo que es vivir en la pobreza, y lo que es vivir en la abundancia. He aprendido a vivir en todas y cada una de las circunstancias, tanto a quedar saciado como a pasar hambre, a tener de sobra como a sufrir escasez. Todo lo puedo en Cristo que me fortalece (Filipenses 4:11-13 NVI).

Asuntos a Considerar por el Orador

Muchos de nosotros hemos escuchado la expresión: "El resentimiento es como tomar veneno y esperar que alguien más se muera". Es difícil saber quién debería recibir el crédito por esa cita que se ha usado tan ampliamente. Pero, probablemente, las personas en recuperación de la adicción con las que usted trabaja, la han oído decir en reuniones de A.A. Se ha convertido en popular en el marco de los Doce Pasos, así que ellos la entienden y se sonríen. Pero reírse de la ironía está bien lejos de aprender a cómo ser libre de los sentimientos resentidos y heridos que son parte de su "estilo de vida" y su respuesta normal a una multitud de situaciones.

Imagínese que un niño crezca en una familia de adictos. Imagínese que lo dejen solo entre gente que vive en estupor a causa de las drogas o que tenga padres ausentes y trate de conseguir alimentos, dormir e ir a la escuela por sus propios medios. Imagínese que algunos de esos adultos incapacitados por las drogas, sean violentos o acosadores sexuales. Ese niño crecerá con temor, con una actitud de evitar que lo lastimen, y con una gran sensación de abandono. Ese niño crecerá con inmensas heridas formándose en su alma. En otras palabras, comenzará a ver el mundo como un lugar que inspira miedo y lleno de gente en las que no se puede confiar y que rechazan a los demás.

Mientras sea un niño, su reacción podría ser asustarse y huir. Tal vez a medida que crezca, se endurece, se torna insensible, y todavía ve a la gente como no confiable ya que ve el mundo que le rodea a través de sus pensamientos y recuerdos heridos. Entonces, de adulto, innumerables acciones y palabras, aunque sean inocentes y sin ninguna intensión de hacer daño, pueden convertirse en la base para nuevas ofensas y resentimientos, una furiosa masa de rencores en su interior y una percepción del mundo que dice: "Todos tienen malas intensiones. Están en mi contra. Los odio".

Eso fue solo una simulación de como puede crearse una actitud para vivir constantemente ofendido. Vivimos en un mundo donde mucha gente saca conclusiones y se imagina cosas en su

> **Vivimos en un mundo donde mucha gente saca conclusiones y se imaginan cosas en su mente que están muy lejos de la realidad.**

mente que están muy lejos de la realidad. Ellos llegan a la conclusión de que alguien les está haciendo daño o les va a hacer daño, aunque ese no sea el caso. Esta tendencia a vivir ofendidos, especialmente sin ningún fundamento en la realidad actual, pero provocado por los fantasmas del pasado, está demasiado generalizada. Y entre una población de adictos heridos que se perdieron tanto de su vida pasada debido al sufrimiento durante su infancia, y posteriormente a su propio período de adicción, esta tendencia a vivir resentidos y ofendidos puede ser fuera de lo común.

Usted tendrá que "arar y sembrar" mucho en este "campo" para poder recoger una cosecha de vidas transformadas.

Es muy importante enseñar a través de historias y de mucha repetición, que muchas veces nos ofendemos cuando la otra persona es inocente, o por lo menos, torpe en su manera de comunicarse o comportarse, y nuestro resentimiento no se basa en ellos, sino que está saliendo de un área en nosotros que necesita restauración.

¿Cuántas veces hay personas que se divorcian, destruyen amistades, abandonan puestos de trabajo, se van de las iglesias, dividen iglesias, etc., porque no han sanado las heridas que hay en ellas mismas? Algunas personas dicen y repiten el mismo patrón de conducta. Por ejemplo, comienzan a asistir a una iglesia, están entusiasmadas con la iglesia, alguien parece hacerles un "desaire" y entonces, se van de la iglesia. Después, comienzan a visitar otra iglesia, están entusiasmadas con la iglesia, alguien parece hacerles un "desaire" y entonces, se van de la iglesia. Ese comportamiento resentido se repetirá una y otra vez hasta que se identifique, se sane, y se detenga. Y usted puede sustituir eso con "hacen una nueva amistad hasta que...", o "permanecen casados hasta que..." Si a las personas no se les enseña la naturaleza de ofenderse a menudo por gusto, si no ven las heridas de sus propias almas, estarán destinadas a ofenderse a menudo perpetuamente.

Y la ofensa nos puede enfermar físicamente.

Muchos cristianos que sanan enfermos y que tienen un largo historial de sanidades físicas, le dirán que a menudo tienen que llegar a la raíz emocional de la persona con problemas y luego el problema físico es curado; y lo más importante, se mantienen sanos, porque ya no quedan emociones dañadas que hagan que la enfermedad regrese.

El difunto John Wimber de la Iglesia La Viña, contó la historia de una mujer que tenía "problemas estomacales crónicos y artritis" y que no mejoraba con la oración. Pero, en una entrevista con ella, descubrió que tenía una relación distanciada con su hermana. Su hermana se había casado con un hombre que esta mujer amaba, y posteriormente se divorció de él. Wimber había tenido la impresión de que había amargura mientras oraba por ella. (Esta historia estará en el ejemplo de charla).

Le animó a perdonar a su hermana (no basada en ningún cambio en ella, sino por obediencia al mandato divino de "perdonarnos unos a los otros de la misma manera que Cristo nos perdonó"). Ella escribió una carta, pero se demoró en tomar acción durante un tiempo. Cuando finalmente fue al buzón, tan pronto como la carta entró en la ranura, ella se sintió mejor. Cuando regresó a la casa, estaba totalmente sana. [19]

Las ofensas y la enfermedad física, además del dolor mental, es decir, "beber el veneno", todos pueden ir juntos. El perdón, aprender a ver a las personas de una forma benévola, mirando mas allá de sus flaquezas, nos da paz y refrigerio, una ligereza en Dios que es un deleite.

Entonces, ¿qué necesita enseñarle exactamente a su grupo de personas en recuperación en esta sesión?

1. La amargura del presente a menudo está basada en experiencias del pasado.

2. Las heridas se forman en nuestra alma, que es el lugar de nuestras emociones, pensamientos y toma de decisiones.

3. Es por eso que reaccionamos a otras personas, no tanto basados en sus palabras o comportamiento, sino en nuestras heridas.

4. Nuestras memorias del pasado y nuestra percepción del mundo pueden ser sanadas por medio de Jesucristo, la cruz, su resurrección, y el poder del Espíritu Santo en nosotros.

5. A veces, las personas realmente son ofensivas, groseras, desconsideradas, egoístas, etc., pero como cristianos, podemos aprender no sólo a _imitar_ a Jesús, sino también a que Su vida resucitada obre en ellos a través de nosotros.

6. Podemos aprender a decir: "Los perdono. Ellos no saben lo que están haciendo," una y otra vez y otra vez. Y orar por ellos.

7. Podemos permanecer en paz como Jesús, no dejando que nuestro nivel de comodidad o contentamiento dependa de la manera en que la gente nos trate, bien o mal, porque Él está en nosotros y con nosotros.

8. Podemos hacer que nuestro estado de ánimo y nuestro contentamiento dependan de la constante bondad de Dios y de Su amor por nosotros.

9. No importa cuán enojados hayamos estado, podemos aprender a vivir sin el enojo.

Como pastora de personas en recuperación, he hablado con muchas de ellas y he escuchado espeluznantes historias de abusos a manos de miembros de la familia, e incluso algunos han atentado contra sus vidas. He oído hablar de abuso sexual a manos de familiares y otras personas, historias de violaciones en pandillas, cosas que son inmensamente perturbadoras. Pero he exhortado también a esas mismas personas a perdonar a quienes les han hecho daño sin dejar de ver sus acciones como reprensibles.

Recuerdo una persona que me dijo que fue abusada sexualmente a manos de un miembro de la familia y que deseaba matarlo. Hasta me contó las cosas que hizo para tratar de matarlo.

Discutimos la naturaleza de los abusos. Hablamos del odio de esta persona y del intento de asesinar a su familiar. Le pregunté si estaba dispuesta a perdonar a su familiar en aquel mismo momento porque me había dicho: "Algún día, *tal vez* voy a tratar de perdonar a mi familiar".

Le dije: "¿Qué tal si lo haces ahora? ¿Puedes confiar en mí y sobre todas las cosas en Dios para dar este paso ahora?".

Nos pusimos de acuerdo y comenzamos a orar, pidiéndole a Dios que le diera el poder y el deseo de perdonar a su familiar aunque lo que había hecho había sido atroz. Luego exhorté a la persona a arrepentirse y pedirle perdón a Dios por el odio y la violencia, y que Dios le concediera ser libre de esos sentimientos y actitudes para siempre. Cuando terminamos de orar, las lágrimas no paraban, y se convirtió en un momento donde gustosamente hizo la oración del pecador.

La palabra resentimiento puede ser definida como tener una "indignación amarga por haber sido tratado injustamente." [20] A menudo, las personas que están enojadas y resentidas pueden encontrar una ingenua simpatía de los demás. "Oh, pobre de ti. Por supuesto, te sientes mal. Tienes todo el derecho a sentirte así y a permanecer con esos sentimientos. Eres una víctima".

> **Pero la Escritura cristiana no nos enseña a ser gente con perpetua falta de perdón y auto compasión.**

Pero la Escritura cristiana no nos enseña a ser gente con perpetua falta de perdón y auto compasión. Se nos exhorta a hacer lo contrario de lo que es natural "en la carne". Me encanta la Versión Reina-Valera de los maravillosos versículos de Lucas 6 acerca de cómo debemos vivir como cristianos. El lenguaje es muy eficaz. Este es uno de ellos:

"Bendecid a los que os maldicen, y orad por los que os calumnian" (Lucas 6:28 RVR60).

Jesús no habló maldiciones desde la cruz, como sabemos por los detalles de la crucifixión en la Biblia. Más bien, entre sus siete últimas palabras estuvieron éstas:

"'Padre perdónalos, porque no saben lo que hacen'. Mientras tanto, echaban suertes para repartirse entre sí la ropa de Jesús" (Lucas 23:34 NVI).

Hasta los mismos momentos finales, la mayoría de las personas alrededor de Jesús estaban siendo "ofensivas", por decirlo de un modo suave, pero Su postura fue perdonar y no tomarlo para sí mismo. Creer en Jesús y vivir una vida con Él tiene el potencial para hacer de todos nosotros, incluyendo a los que están en recuperación, personas que *no se ofenden con nada,* al igual que Jesús. Cuando seamos de esa manera, no habrá más veneno que estemos ingiriendo esperando que otros sean los que mueran. Seremos libres. Ayude a sus discípulos en recuperación a entender este gran concepto del cristianismo. Debemos perdonar setenta veces siete, es decir, todo el tiempo (Mateo 18:22).

Oración por el Orador y la Charla

Precioso Señor, ayuda a este orador a examinar su propia vida y ver qué tendencia tiene de sentirse ofendido. Ayúdalo a entonces escucharte a ti, Espíritu Santo. ¿Hay heridas pasadas a través de las cuales está mirando al mundo ahora?

Sana a este orador y ayúdale a enseñarle al precioso pueblo que él dirige a cómo deshacerse de las viejas heridas, a ver el mundo a través de los ojos de hoy, y a caminar en el perdón de Jesús como su nuevo estilo de vida. Que se diga de ellos, que están en Cristo y, por lo tanto, son nuevas criaturas. Lo viejo se ha ido. Lo nuevo ha venido. En el nombre de Jesús. Amén.

Ejemplo de Charla:
Introducción

Mi padre estuvo en la Marina. No oímos muchas historias de guerra, pero recuerdo una. Él nos contó la historia de dos hombres que trabajaban en el comedor de los oficiales en el barco en el que él servía. Nos dijo que una noche tuvieron una pelea a cuchillos sobre si debían dejar las luces encendidas o apagadas en esa habitación.

Como dije, era tiempo de guerra, y las luces debían mantenerse apagadas en determinados momentos para evitar los bombardeos, pero creo que la necedad de esta pelea era que las luces de esa habitación no podían verse desde fuera del barco. Ellos estaban tratando de matarse uno al otro por algo que no era un problema.

Pero, ¿por qué? ¿Era realmente acerca de las luces o acerca de algo más?

A veces, podemos ofendernos mucho con alguien que está en frente de nosotros, pero realmente nuestros sentimientos no tienen que ver con ellos ni incluso con la situación actual. Tienen que ver con otras cosas que están sucediendo dentro de nosotros.

Tal vez los dos hombres del "lío" habían sido atropellados o asustados demasiadas veces en situaciones anteriores y esta fue la gota que derramó el vaso de todas sus emociones reprimidas y se explotaron el uno contra el otro. Tener una pelea mortal con cuchillos por causa de unas luces sin importancia me parece un poco demasiado, ¿cierto?

Tenemos que aprender a no morder el cebo de Satanás. Su cebo es que nosotros nos ofendamos, nos olvidemos de los caminos de Dios y hagamos todo lo posible para que las cosas sean a nuestra manera, lo que puede incluir lastimar a otros grave o sutilmente. Eso es malo para nosotros y para los demás. No sólo podemos herir a otras personas, pero puede haber una conexión entre la enfermedad y el resentimiento.

Un pastor llamado John Wimber contó la historia de una mujer que estaba resentida con su hermana por una traición con un hombre que había sucedido años atrás. Esta mujer, cuando Wimber oró por ella, tenía artritis y dolor de estómago crónico.

Él le aconsejó que le escribiera a su hermana y la perdonara, un consejo que a la mujer le tomó algún tiempo seguir. Pero el día en que ella tomó en sus manos la carta para su hermana y la echó en el buzón, fue el día que empezó a sentirse mejor. Se sintió aliviada cuando echó la carta en el buzón y cuando llegó a su casa había sido totalmente sanada. La enfermedad física, el dolor mental, todas esas cosas pueden estar relacionadas a una actitud de resentimiento.

El Apóstol Pablo dijo que no tiene que ser así. Podemos aprender el secreto del contentamiento, de modo que no perdamos los estribos o incluso desperdiciemos un día por estar quejándonos. Él escribió sobre el contentamiento de esta manera:

...He aprendido a contentarme, cualquiera que sea mi situación. Sé vivir humildemente, y sé tener abundancia; en todo y por todo estoy enseñado, así para estar saciado como para tener hambre, así para tener abundancia como para padecer necesidad. Todo lo puedo en Cristo que me fortalece" (Filipenses 4:11-13 RVR60).

Ahora, Pablo no escribió eso porque tenía una vida fácil, sin lucha y sin oponentes. ¡No! Su vida fue muy dura. Aquí está una descripción de cuánto él había atravesado:

...He trabajado más arduamente, he sido encarcelado más veces, he recibido los azotes más severos, he estado en peligro de muerte repetidas veces. Cinco veces recibí de los judíos los treinta y nueve azotes. Tres veces me golpearon con varas, una vez me apedrearon, tres veces naufragué, y pasé un día y una noche como náufrago en alta mar. Mi vida ha sido un continuo ir y venir de un sitio a otro; en peligros de ríos, peligros de bandidos, peligros de parte de mis compatriotas, peligros a manos de los gentiles, peligros en la ciudad, peligros en el campo, peligros en el mar y peligros de parte de falsos hermanos. He pasado muchos trabajos y fatigas, y muchas veces me he quedado sin dormir; he sufrido hambre y sed, y muchas veces me he quedado en ayunas; he sufrido frío y desnudez (2 Corintios 11:23-27 NVI).

Si alguien tenía derecho a estar de mal humor y a sentirse justificadamente gruñón, era Pablo. Pero no, él no le dio cabida al mal humor, al enojo o a la tristeza, ni sintió que tenía justificación para hacerlo. Más bien, él había aprendido a permanecer en un lugar de uniformidad, preocupación por los demás, y contentamiento.

¿Cómo lo hizo? Vamos a analizar sus palabras sobre el contentamiento y encontremos la respuesta para nuestras propias vidas.

El Contentamiento Requiere Aprendizaje

Pablo escribió que él había *aprendido* a contentarse. Cuando el usó la palabra "aprendido", no sólo quiso decir que él había adquirido nuevas ideas y enseñanzas sobre qué es el contentamiento y cómo tenerlo en Dios. Él quiso decir también que al usar ese conocimiento y *practicarlo*, se estaba haciendo mucho mejor en permanecer contento todo el tiempo.

Lo que estaba diciendo es que usted aprende que tal cosa es posible. Aquí, Pablo lo dijo. "Yo he aprendido el secreto de estar contento en cada situación". ¡Guau! Él lo practicó lo suficiente como para poder mantener ese estado de ánimo en todo momento. Eso significa que él tuvo repetidas ocasiones en las que pudo aprender. En ese sentido, fue bueno que tuviera dificultades. En medio de ellas, él aprendió.

Y, como todos sabemos, cuando estamos practicando y tratando de aprender algo, a veces lo hacemos bien y a veces lo echamos a perder.

Pablo nos está diciendo que vamos a tener momentos cuando no estaremos contentos, cuando todavía estaremos resentidos.

Somos aprendices. Cuando vemos que eso sucede, ¿qué debemos hacer? ¿Juzgarnos a nosotros mismos y rendirnos? ¡No! La respuesta en ese momento es ir a Dios y decir: "Padre, estoy irritado y ofendido nuevamente (y me acabo de levantar. ¡Ja!) Por favor perdóname. Ayúdame a empezar de nuevo. Me arrepiento de tener pensamientos irritados y ofendidos. Me arrepiento de mi mal humor. Ahora ayúdame a perdonar, a estar lleno de gracia y de gratitud para liberar toda la amargura. En el nombre de Jesús. Amén".

Juntamente con eso, intente de nuevo. Recuérdese a usted mismo que estar ofendido, resentido y amargado, principalmente lo hiere a usted, aunque puede molestar a las personas a su alrededor. Esa es otra razón para trabajar en su actitud. Usted desea ser alguien que anime a la gente, no que las desanime. Y desea traer a la gente a la fe, no alejarla de ella. Si va a ser un amargado, deje de llevar su cruz de oro. Eso es mala publicidad para Jesús, ¿verdad?

El Contentamiento Puede estar Presente en Cada Situación

Hay un relato en Hechos 16, comenzando en el versículo 16, acerca de Pablo y Silas estando injustamente encarcelados mientras estaban en un viaje misionero. No sólo eso, los golpearon severamente y les pusieron un cepo en sus pies. A la medianoche, estos dos líderes cristianos estaban cantando alabanzas y orando. De repente, hubo un terremoto, las puertas de la prisión se abrieron y las cadenas de todos se soltaron. A causa de eso, el carcelero y toda su familia se convirtieron a Cristo y Pablo y Silas salieron libres. Se trata de la apasionante historia de un milagro del poder de Dios.

Pero, le estoy diciendo esto por la primera parte de la historia. Ellos estaban cantando y orando en la cárcel *después* de haber sido golpeados e injustamente encerrados. Estaban contentos y confiando en Dios que todo iba a salir bien. ¡Y así fue!

En los versículos que estamos mirando en Filipenses, Pablo escribió: "Sé vivir humildemente, y sé tener abundancia; en todo y por todo estoy enseñado, así para estar saciado como para tener hambre, así para tener abundancia como para padecer necesidad".

Pablo estaba diciendo que había aprendido a cómo permanecer estable lo mismo en días extremadamente buenos, que en días extremadamente malos, que en días normales. Él había descubierto un secreto de Dios y ahora las cosas no lo zarandeaban de la misma manera que lo hacen con muchos de nosotros. Algunos de nosotros vivimos en una montaña rusa emocional, pero la verdad es que con Dios, no tiene que ser de esa manera.

El Contentamiento Viene de Jesús

Sólo unos pocos versículos antes de esto, Pablo escribió en Filipenses 4:4-7:

Alégrense siempre en el Señor. Insisto: ¡Alégrense! Que su amabilidad sea evidente a todos. El Señor está cerca. No se inquieten por nada; más bien, en toda ocasión, con oración y ruego, presenten sus peticiones a Dios y denle gracias. Y la paz de Dios, que sobrepasa todo entendimiento, cuidará sus corazones y sus pensamientos en Cristo Jesús. (NVI)

Ahí está el secreto.

La manera de tener una paz sobrenatural, que nada nos ofenda y tener la paz de Dios, es habitar en Cristo Jesús. Pablo dice: "Alégrense siempre en Él". Eso probablemente suena imposible cuando las cosas están difíciles, pero es la mejor arma secreta que usted puede tener como cristiano. Cuando parezca completamente antinatural alabar y cantar y orar al Señor, hágalo. Puede que tome hasta lo último de sus fuerzas para hablar un versículo bíblico sobre su propia vida, pero hágalo. Esas palabras están vivas y activas y llenas de poder (Hebreos 4:12). La atmósfera cambia, usted cambia, nada puede vencerlo si usted se refugia en el Señor y descansa en Él.

El secreto del contentamiento es mantener su mirada fija en Jesús y en Su amor por usted. El secreto es pensar en Su fuerza, no en nuestra debilidad, y ciertamente no preocuparse por sus dificultades o la gente difícil que le rodea.

Mantenga sus ojos en Jesús. Fíjelos en Él. Él le dará la fuerza para permanecer en calma, para soportar ciertas cosas, para llegar al otro lado de su problema. Él le ayudará a mantener la calma frente a sus enemigos y a orar por ellos. Él peleará la batalla por usted.

Este pasaje dice: "Todo lo puedo en Cristo que me fortalece".

El Contentamiento Revela mi Nivel de Confianza

Un pensamiento final para usted. Si se irrita fácilmente o está completamente enojado la mayor parte del tiempo, ¿qué dice eso acerca de su relación con Dios? ¿Querrá decir ese estado de ánimo que quizás usted no está realmente cerca de Dios todavía? ¿Tal vez usted realmente no confía en Él?

Sí, eso es lo que dice.

Pero, no sea duro consigo mismo. Solo reconozca el problema y su propia necesidad. Dígase a sí mismo: "Realmente no creo que Dios esté obrando en mí, o que se manifestará en mí –todavía no. Por eso me frustro y enojo con tanta facilidad incluso a veces con cosas muy pequeñas".

Y luego ore: "Señor, ayúdame. Sé más real para mí de lo que nunca has sido antes. Permíteme encontrarte en nuevas formas. Toca mi corazón. Háblame en maneras que yo pueda escuchar. Ayúdame a dejar de tener miedo. Ayúdame a creer que tienes un camino marcado especialmente para mí y que me guiarás en él. No quiero quejarme. No quiero estar enfermo por estar resentido. Sáname, oh Señor, y seré sanado".

Usted puede hacerlo. Dios está con usted. Él no le ha traído tan lejos para dejarle caer. Él le ayudará a tener paz, confianza y contentamiento, al igual que Pablo.

Preguntas para los Grupos Pequeños

1. Si existiera tal cosa como un "amargúmetro", una máquina que podría medir la amargura, ¿a qué nivel de rencor hacia la gente estaría su aguja? ¿Bajo, medio, alto o en alerta de emergencia porque la máquina está a punto de estallar?

2. En serio, ¿con qué facilidad puede ofenderse con la gente?

3. ¿Pudo entender en la charla que algunos de sus resentimientos no tienen nada que ver con la persona que está frente a usted, sino que están basados en experiencias pasadas?

4. ¿Cómo puede sanar esas experiencias pasadas, de acuerdo con lo que ha oído esta noche?

5. ¿Tiene sentido que el resentimiento nos puede enfermar físicamente?

6. ¿Tiene algo en su cuerpo ahora que podría mejorar si perdonara a alguien? ¿Está usted listo?

9

Pisoteando el Temor

Versículos Claves

Busqué al SEÑOR, y él me respondió; me libró de todos mis temores (Salmo 34:4 NVI).

¿Acaso hay algo que pueda separarnos del amor de Cristo? ¿Será que él ya no nos ama si tenemos problemas o aflicciones, si somos perseguidos o pasamos hambre o estamos en la miseria o en peligro o bajo amenaza de muerte? Claro que no, a pesar de todas estas cosas, nuestra victoria es absoluta por medio de Cristo, quien nos amó. Y estoy convencido de que nada podrá jamás separarnos del amor de Dios. Ni la muerte ni la vida, ni ángeles ni demonios, ni nuestros temores de hoy ni nuestras preocupaciones de mañana. Ni siquiera los poderes del infierno pueden separarnos del amor de Dios. Ningún poder en las alturas ni en las profundidades, de hecho, nada en toda la creación podrá jamás separarnos del amor de Dios, que está revelado en Cristo Jesús nuestro Señor (Romanos 8:35, 37-39 NTV).

Asuntos a Considerar por el Orador

Recuerdo estar sentada en un Estudio Bíblico en una iglesia de la que yo era pastora. Estábamos estudiando el pasaje mostrado anteriormente de Romanos 8. Nuestra lectora esa mañana era una joven que era una adicta en recuperación. Ella estaba leyendo la Biblia Renacer en la Nueva Traducción Viviente. Esta Biblia, como ustedes saben, está diseñada específicamente para la gente en recuperación y se entrelaza con los Doce Pasos de los Alcohólicos Anónimos para ayudar a que los principios de recuperación de A.A. se conecten con el mensaje de las historias bíblicas.

Lo que me sorprendió esa mañana fue la maravillosa forma de presentar el versículo 35 en la Nueva Traducción Viviente: "¿Será que [Cristo] ya no nos ama si tenemos problemas o aflicciones, si somos perseguidos o pasamos hambre o estamos en la miseria o en peligro o bajo amenaza de muerte? ¡¡¡CLARO QUE NO!!!"

Esta joven había experimentado problemas, calamidades, durmiendo en casas abandonadas sin nada que comer, en prostitución, sin tener un centavo a su nombre, siendo amenazada con armas y violencia y gente tras ella. Había sido usada por los hombres y ella los había usado a ellos. Sus hijos eran de varios padres, todavía estaba con el último de esos padres, pero la relación era inestable. Ella había visto el infierno en la tierra, algunas veces provocado por ella misma. Yo presencié como varios de sus familiares calculaban fríamente cada vez que ella tenía un poco más de dinero y seguridad en su vida; cómo se metían y trataban de eliminar cualquier esplendidez de la que se dieran cuenta. Ella todavía no comprendía el amor de Aquel del cual estaba leyendo, pero de seguro había conocido una buena dosis de temor. Eso sí lo conocía bien. Y este versículo, asegurándole a ella y a los otros que escuchaban, que una cosa con la que siempre deberían contar podría ser Jesús, era tan emocionante escucharlo en su voz. Jesús nunca la abandonaría si ella verdaderamente se decidía por Él. Tampoco eran sus problemas una señal de que Él se estaba alejando de ella o sintiendo desagrado hacia ella. Sus problemas eran el resultado de los ataques de otras personas en su contra, o eran el resultado de sus propias malas decisiones, pero Jesús podía ser y siempre sería su fuente de seguridad y esperanza, incluso en medio de un caótico conjunto de circunstancias. Eso era lo que ella estaba leyendo sobre ella misma esa mañana. Y era alentador para todos nosotros. Su paz llenó el lugar.

Una emoción fuertemente presente en aquellos en recuperación, aunque puede ser bien enmascarada en público, es el temor.

¿Qué temores están presentes? A continuación le muestro una breve lista. Usted, como patrocinador, orador, maestro o pastor de aquellos en recuperación, probablemente esté bien familiarizado con esta lista, e indudablemente puede agregar más o hacer una lista que se ajuste a la situación de su grupo.

Piense en estos temores mientras usted se prepara para hablar con su grupo. Dios los librará de todos ellos:

1. Recaída. Recaída. Recaída.

2. Perder la custodia de los hijos.

3. No poder restaurar la relación con sus hijos.

4. Embarazo, miedo de lo que está por venir.

5. La pobreza permanente. No poder pagar las cuentas.

6. Subir al autobús.

7. Estar cerca de sus antiguas conexiones de las drogas.

8. Quedar mal.

9. Las opiniones de la gente.

10. Ser intimidado.

11. Ser un intimidador. Miedo de su propia violencia.

12. No estar a la altura.

13. Conseguir un trabajo.

14. No conseguir un trabajo.

15. Empezar a tomar clases.

16. Finalizar las clases.

17. Temor que abusadores del pasado descubran su nueva ubicación.

18. Sentirse rechazado/ solo.

19. Deseos sexuales insatisfechos o fuera de control.

20. Frenesí de pensamientos.

21. Pánico, ataques de ansiedad, otros problemas de salud mental.

22. Hablar en frente de un grupo.

23. Las multitudes.

24. Problemas de salud.

25. No poder conseguir ayuda para sus problemas de salud y pagarla.

26. No poder dormir.

27. Problemas en la familia/ distanciamiento.

28. Corte y cuestiones jurídicas. Completar la libertad condicional. Mantenerse fuera de problemas.

29. Que se activen antiguas órdenes judiciales.

30. Quedarse rezagados.

Estos temores pueden ser enmascarados con la fanfarronería o el silencio. Esperemos que haya un compañero, consejero, o grupos pequeños que hablen de ellos y comiencen a abordarlos. Pero es tan importante hablar del miedo y ayudar a la gente a entender que es normalmente la primera emoción que se experimenta cuando surgen sentimientos negativos. En otras palabras, si un adicto en recuperación tiene un ataque de ira hacia un líder, un compañero o cualquier otra persona, lo más probable es que lo primero que haya experimentado sea temor acerca de algo que está ocurriendo en su vida.

Como se muestra en la lista, no querer quedar mal es una preocupación muy real para muchos en la comunidad, así que ayudar a sus oyentes a estar abiertos acerca de este tema, en lugar de estar sentados impávidos sin respuesta, será su tarea. El humor es muy útil para romper el hielo y permitir que la verdad y la transparencia entren en una reunión. Cuando una persona se siente destrozada por muchos que supuestamente son más poderosos que ella, sea un abusador o el sistema legal, su mecanismo de defensa puede ser ocultar sus sentimientos y necesidades. Continuamente enseñar que Jesús se trata de la gracia y la nueva vida se vuelve muy importante. Es necesario que la gente vea que no tienen que tener miedo a ser honestos sobre sus sentimientos, especialmente el miedo, porque el deseo de Dios es siempre sanarnos y levantarnos.

Un versículo que yo particularmente siento que bendice a la comunidad en recuperación es Isaías 54:4:

No temas, porque no serás avergonzada. No te turbes, porque no serás humillada. Olvidarás la vergüenza de tu juventud, y no recordarás más el oprobio de tu viudez (NVI).

El deseo de Dios es levantar nuestra cabeza y dejar que salgamos de nuestro pasado a través de Su salvación en Cristo. Él no quiere que nos sintamos avergonzados, ni culpables ni humillados.

Una historia conmovedora que demuestra esto está en Lucas 19:1- 10. Es la historia de Zaqueo, el jefe de los recaudadores de impuestos, odiado por el pueblo y culpable de engañar a sus conciudadanos. Jesús le dice que baje del árbol donde había estado subido para verlo pasar a Él. Jesús le dice que debe permanecer en su casa ese día. Conmovido por la aceptación de Jesús, abandona su camino torcido y promete hacer modificaciones. Jesús obra liberando a la gente de lo que han sido y regresándoles de una manera sobrenatural a ser hijos e hijas de Dios sin temor ni vergüenza.

> **El deseo de Dios es levantar nuestra cabeza y dejar que salgamos de nuestro pasado a través de Su salvación en Cristo.**

Y, entonces, otro hermoso versículo sobre el temor:

"En el amor no hay temor, sino que el perfecto amor echa fuera el temor; porque el temor lleva en sí castigo. De donde el que teme, no ha sido perfeccionado en el amor" (1 Juan 4:18 RVR60).

El temor es una emoción terriblemente tormentosa, que nos mantiene atados y encerrados en un lugar del que no podemos avanzar. El temor hace que una persona no pueda ser lo que Dios quiere que sea. El temor se apodera de la mente y bloquea los pensamientos sanos y la toma de decisiones.

La Biblia menciona incluso un "espíritu de temor", de tal modo que sabemos que hay un elemento demoníaco en acorralar a una persona con el fin de estorbar su crecimiento y su relación con Dios.

¿Cuáles serán algunos de los antídotos a usar en contra de ser consumidos por el temor y la parálisis?

Usted tendrá que enseñar a cómo usar la Escritura –memorizarla, orarla, y declararla sobre una persona de modo que sus pensamientos se trasladen de lo negativo a lo positivo.

Usted tendrá que explicar y promover el poder de la adoración y la alabanza en hacer que una persona se levante de una posición de temor y derrota a una posición de denuedo y victoria.

Sus oyentes tendrán que aprender a salir del temor un paso a la vez. Pueden necesitar que usted les ayude a esbozar un plan para superar todos los temores que les consumen.

Enseñe y demuestre el poder de la oración insistente para transformar lo que sucede en nuestras mentes.

Al hablar y reconocer que puede haber un componente espiritual –un espíritu de temor obrando– tendrá que volver a insistir en la idea de una guerra espiritual firme.

Y como ya he mencionado, el humor y contar nuestras propias autocríticas historias de cómo hemos vencido nuestros temores, será de gran utilidad.

Las personas pueden llenarse de valor en áreas donde antes se habían sentido derrotados. Podremos tener la sincera convicción de que:

El Señor vencerá a tus enemigos cuando te ataquen. ¡Saldrán a atacarte de una sola dirección, pero se dispersarán por siete! (Deuteronomio 28:7 NTV)

Y que mientras nos mantengamos firmes y creyendo en Dios, nuestros "montes se moverán al mar" (Marcos 11:23).

Pero dondequiera que estén sus oyentes en su batalla contra el temor, pueden confiar que el corazón de Dios está con ellos. Él no nos condena cuando tratamos de superar la preocupación. Una vez más, volviendo al pasaje de Romanos 8 con que abrimos esta sección, podemos ser consolados de que "ni nuestros temores de hoy ni nuestras preocupaciones acerca del mañana" nos pueden separar del amor de Dios en Cristo Jesús. Aun cuando estamos tratando de deshacernos del temor con la ayuda de Dios, Él todavía nos ama. Él todavía está con nosotros. Él está de nuestro lado.

Oración por el Orador y la Charla

Señor, si pudiéramos enfrentar el temor y eliminarlo de nuestras vidas, muchas de nuestras acciones y emociones negativas a causa del resentimiento, la ira, el chisme, las murmuraciones y el letargo, desaparecerían. Ayúdanos, oh Señor. Ayúdanos a confiar en que las palabras "El Señor es mi luz y mi salvación, ¿de quién temeré?" son absolutamente el fundamento de lo que somos. Ayuda a este orador a transmitir denuedo, valor, gozo y una humilde confianza y dependencia en Ti. Ayuda a este orador a ser un ejemplo en vivir y creer que Tú estás siempre con nosotros y que siempre estás luchando nuestras batallas. Permite que los oyentes sean más valientes y que puedan creer más a causa de lo que se diga y de la manera en que se diga en esta charla. En el nombre de Jesús. Amén.

Ejemplo de Charla:
Introducción

Cuando yo era una niña, era muy cobarde.

Todo parecía asustarme. Cuando tenía 9 años, estaba en una piscina tomando lecciones y me pidieron que saltara del trampolín más BAJO. Mucho después de que toda la clase se fuera y la zona de la piscina estuviera totalmente vacía, allí estaba mi madre, sentada en las gradas, mientras yo estaba en el extremo del trampolín congelada de miedo.

Cuando visitábamos la granja de unos familiares, recuerdo que me escondía en el baño porque nos habían invitado a nosotros, los niños de la ciudad, a montar el pony de la familia. Note que dije pony, no caballo. Era un pequeño animal. Tal vez como el pony se llamaba Jengibre, yo tenía miedo de que fuera un poco picante, pero no lo era. Yo sólo tenía miedo – *otra vez*.

Recuerdo cuando tenía doce años y regresaba llorando de la escuela porque la maestra había dicho que si escribíamos una oración que fuera demasiado larga nos daría una F. Yo tenía una buena nota en Inglés, no había manera de que sacara una F. Pero tenía tanto miedo que me había puesto histérica.

Algunos de ustedes pueden pensar que esto suena como una tontería. Quizás ustedes hayan enfrentado algunas situaciones de peligro bastante espeluznantes que causaron un temor real y yo estoy hablando de escribir una oración larga en la escuela intermedia, pero tengan paciencia conmigo. Estoy tratando de señalar la manera en que el temor nos puede limitar y a veces se basa en cosas que no van a suceder. Y a veces, son cosas súper pequeñas. Yo no me iba a lastimar en el trampolín, o en el caballo, o iba a obtener una mala calificación. Pero, yo era así de pequeña –además de tímida– a menudo tenía miedo de mi propia sombra. Tal vez en algún lugar se me había metido la idea en la cabeza de que necesitaba ser perfecta y hacer todas estas cosas sin un defecto. Por lo tanto, tenía miedo de intentarlo.

Bien, mis temores duraron hasta la universidad. Yo tenía tanto miedo a tener que pararme delante de una clase y hablar. Mucha gente dirá que es su mayor temor también, hablar delante de la gente. Cuando tenía que hacerlo, mis manos y mi voz temblaban.

Pero llegó el día cuando todo esto comenzó a cambiar, y empezó a cambiar a causa de Dios y porque decidí luchar contra ese enemigo llamado temor.

Al mismo tiempo que yo aún estaba teniendo problemas con hablar en frente de la gente en la universidad, me empezaron a gustar los caballos y comencé a montarlos así que me encantó cuando puse mi caballo a correr. Recuerdo una tarde de paseo con unos amigos en una playa de México. ¡Tan emocionante! Sólo con tomar clases para aprender a montar a caballo y hacerlo una y otra vez, y aprender a almohazarlos y ensillarlos, superé el temor. El temor desapareció cuando yo enfrenté paso a paso aquello que me había dado miedo y aprendí a manejarlo.

Nadar y tirarme de trampolines –la misma cosa. Enfrenté el temor y aprendí a hacerlo paso a paso. Incluso intenté surfear cuando era una adolescente y vivía cerca del océano. Pero hablar delante de la gente –eso fue <u>todo</u> Dios. Yo había sido en gran manera tímida y tenía terror a pararme delante de una multitud, pero como Dios me llamó al ministerio profesional, Él me dio el don no sólo de predicar ante una multitud, pero me dio la capacidad de disfrutarlo. A menudo le digo a la gente que cuando predico me siento como un espectáculo que tan a menudo vemos en el oeste medio de los Estados Unidos –como un halcón elevándose en el viento, volando alrededor de las llanuras. Me siento imparable y llena de gozo. Y he tenido la oportunidad de predicar ante miles y hasta actuar en obras de teatro de la iglesia.

Dios tiene el mismo plan y deseo para cada uno de ustedes aquí. No importa lo que tema, no importa cuántos temores, Él le hará libre de <u>todos</u> ellos, de modo que pueda volar y ser plenamente la persona que siempre ha sido Su voluntad que usted sea. No importa cuán grande sean esos temores.

La Biblia declara que eso es cierto, que el deseo de Dios es hacerle libre:

"Busqué al SEÑOR, y él me respondió; me libró de <u>todos</u> mis temores" (Salmo 34:4 NVI).

¡Cuán hermosas son estas palabras y cuán llenas de esperanza! Vamos a estudiar este versículo juntos esta noche y ver un proceso a través del cual usted puede ser libre del miedo y vivir una vida plena y feliz.

¿Qué nos dice primeramente este versículo?

Busque a Dios

Se nos muestra un plan de cómo deshacernos del temor en este sencillo versículo. Las primeras palabras "Busqué al SEÑOR " significan que la respuesta está en Dios y con Dios. Sí, podemos tomar pequeños pasos para vencer algunos temores, desglosando aquello que estamos intentando conquistar en pasos manejables. Si usted tiene miedo de viajar en autobús a su trabajo o a su tratamiento, por ejemplo, puede conseguir el horario del autobús y analizarlo con unos amigos. Usted puede caminar hasta el lugar donde va a tomar el autobús y prepararse para ello. Puede pedirle a un amigo que esté familiarizado con tomar el autobús que vaya con usted un par de veces.

Estos son simples pasos que usted puede tomar para hacer que su temor sea algo más manejable.

Pero, sinceramente, el mejor lugar para que comencemos siempre está con Dios, porque nuestro objetivo es superar el temor en general. Punto. Queremos ser personas valientes que podamos manejar las cosas que tenemos que hacer ahora, así como asumir nuevos retos.

Entonces, ¿qué significa "buscar al Señor?". En el idioma original en los tiempos antiguos, la palabra "buscar" significaba unas cuantas cosas diferentes. Sí, significaba buscar, tratar de entender, perseguir, seguir, pero también significaba "adorar." [21]

Por lo tanto, buscar al Señor significa realmente perseguir Su voluntad y Su ayuda para usted. Y, ¿dónde lo hace? Bueno, leyendo la Biblia y encontrando versículos sobre Su ayuda, y específicamente Su ayuda con el temor, le dará entendimiento de cuánto Él quiere quitarle el temor. Pero lo más importante es que la palabra de Dios tiene el poder sobrenatural de cambiar su vida si la declara sobre usted y la cree.

Cuando usted adore a Dios en la iglesia, o en un grupo pequeño o a solas, lo más probable es que mientras cante esos cánticos que le gustan o mientras ore, sentirá que buenos sentimientos se manifiestan en su corazón, así como la fuerza y la esperanza de que puede superar las dificultades. Su manera de ver las cosas empezará a cambiar en la presencia de Dios.

En una ocasión mi esposo estaba en la casa recibiendo tratamiento de quimioterapia para el cáncer y yo estaba a varios estados de distancia de él, preparándome para dar una charla en una conferencia. Lo llamé justo antes de la sesión de la tarde de la conferencia y me dijo que se sentía enfermo y decaído, y estaba acostado en el sofá. Se sentía como que tenía una terrible gripe. Era el efecto del tratamiento.

Me dirigí hacia la sesión y comencé a sentirme triste. Triste porque no estaba en casa para ayudarlo. Pero, ¿por qué? Porque yo tenía temor. El temor es a menudo la primera cosa que usted siente, y luego otras emociones vienen a continuación. Temía por la salud de mi marido. Temía perderlo puesto que ya llevábamos varios años en esa batalla. Temía no poder ocultar mis emociones de la gente a mi alrededor.

El pastor que dirigía esa noche estaba ministrando la comunión y cantaba algunas de las frases del servicio de comunión. Mi esposo y yo teníamos el hábito de tener comunión diariamente porque sentíamos que había sanidad en esa cena. Así que, eso añadió a mi sensibilidad emocional, especialmente al escuchar las palabras que se cantaban. Estábamos teniendo comunión y mi esposo no estaba allí. Yo quería salir y regresar a mi habitación y llorar.

Después de recibir la comunión, sin embargo, fui al altar a arrodillarme y orar. Comencé a pedirle a Dios que cuidara de mi esposo y le quitara su dolor y sufrimiento. Cuando me arrodillé, sentí como si el Espíritu Santo se hubiera arrodillado junto a mí y pusiera Su brazo sobre mí. Fue un momento increíble. Lo escuché susurrarme suavemente: "No te vayas. Quédate aquí. Adora. Confía en Mí."

Sin darme cuenta o no, yo había buscado al SEÑOR y Él me respondió.

Dios Responde

Esa es la segunda parte del versículo de Salmos, ¿no es así? Busqué al SEÑOR, y Él me respondió. Por cierto, la palabra "SEÑOR", en letras mayúsculas, a menudo se explica en la introducción de la Biblia como la manera de decir uno de los nombres de Dios. Usted puede o no haber oído esto antes, pero el nombre es Yahvé o Jehová. Lo importante acerca de esta forma del nombre de Dios es conocer que una de sus ideas es Dios como alguien cercano e íntimo, que habita entre nosotros.

Yo sentí el Espíritu Santo arrodillado junto a mí, consolándome, animándome a combatir el temor, la tristeza y la pesadumbre en Su fuerza, no en la mía. Como ya dije, fue como si Su brazo estuviera sobre mí, Su voz en mi oído. "¡Quédate!". Regresé a mi asiento y comencé a cantar. Yo todavía me estaba secando las lágrimas, y con voz baja, apenas audible, comencé a unirme a la gente alrededor de mí. ¡Gracias a Dios que el auditorio estaba oscuro! Yo estaba todavía bastante llorosa.

"Oh, la sangre de Cristo," medio que susurré al principio. Lograr que me salieran las palabras me resultaba un doloroso esfuerzo. Pero poco a poco, comencé a tener mas fuerzas. En breve, ya estaba cantando bastante alto y balanceándome como si fuera miembro de un coro de música góspel. "Oh, la sangre de Cristo". ¡Qué canción más bien seleccionada!

Dios Quita el Temor

Como ya dije, yo no estaba haciendo esto en mi propia fuerza. El Espíritu Santo estaba fluyendo con Su presencia y poder manifiestos, dándome más y más fuerza. El Espíritu Santo está en nosotros, pero también puede venir más sobre nosotros para ayudarnos en nuestra hora de necesidad. Él me levantó y me hizo libre de los sentimientos tan desafiantes que yo estaba experimentando. Pronto sentí gozo y un deseo de ayudar a los demás. Yo era parte del equipo de ministración del altar aquella noche y casi me había ido a sentirme miserable en mi habitación del hotel, y no orar por nadie. ¡Cuán tremenda tentación del enemigo había sido aquella! Si él hubiera podido conseguir eso de mí, lo hubiera conseguido una y otra vez más. Pero el Espíritu Santo intervino y me levantó y me liberó del temor y la angustia. Él hizo que yo quitara mi vista de mí misma y de mis problemas. Oré con todas mis fuerzas esa noche, disfrutando la oportunidad de ayudar a otros. Me sentí muy fuerte.

Él Tomará Todo Temor

Es el deseo de Dios que seamos conscientes de Su poderosa presencia siempre y que seamos libres de todo temor, no sólo de algunos. Él quiere ayudarnos a ver la vida desde la posición de salvos, amados y victoriosos miembros de Su familia. Ese es el mensaje de este versículo de los Salmos. "Me libró de *todos* mis temores".

Y esa ha sido mi propia experiencia con Dios. Una y otra vez Él ha quitado mis temores y los ha sustituido con denuedo santo y entendimiento de mi posición en Él. Es a través de este proceso de cuatro pasos, buscando de Él, esperando que Él responda, estando atento a Su liberación, y creyendo que Él desea y es capaz de quitar todos y no sólo algunos de sus temores, que será liberado.

Tengo un poco más que contarle de la historia anterior. Unas semanas más tarde, le dije a mi esposo lo sucedido en la reunión. Yo estaba conmovida otra vez, diciéndole cómo había sido levantada por el Espíritu para seguir adelante y regocijarme, a pesar de que las circunstancias eran difíciles y siguieron siendo difíciles. Mi esposo casi parecía no estar escuchando. Él estaba mirando al vacío. De repente me miró directamente y me dijo: "¿Qué hora era cuando empezaste a adorar y combatir el miedo?". Le dije: "Alrededor de las 7 u 8 tal vez, hora de Georgia".

Él dijo: "¡Guau! Fue a esa hora que de repente me empecé a sentir mucho mejor. Me levanté del sofá, comí un poco de comida, y paseé al perro". Estábamos entonces aún más conmovidos. No sólo había el Señor levantado mi espíritu y quitado mi tristeza y temor, sino también sanidad y alivio habían fluido en mi esposo mientras yo adoraba en el Espíritu en Georgia.

La alabanza y la adoración hacen retroceder poderosamente a nuestros enemigos. Especialmente el temor. Alabado sea el Dios que nos libra de todos nuestros temores y nos trae paz.

Preguntas para los Grupos Pequeños

1. Si desea compartir, ¿cuál es su mayor temor?
2. ¿Cómo enfrenta usted el temor?
3. ¿Tiene sentido que a veces cuando está enojado o agitado de alguna manera, realmente, debajo de todo eso, su primer sentimiento es el temor?
4. Cuando tiene temor, ¿ora? ¿Adora? ¿Cómo se siente después?
5. ¿Se ha aprendido ya un pasaje bíblico que le ayude a sentir menos temor cuando lo repite y lo ora? ¿Cuál es? Podría ayudar al resto del grupo.

10

Aprendiendo la Paciencia

Versículos Claves

Y no solo en esto, sino también en nuestros sufrimientos, porque sabemos que el sufrimiento produce perseverancia; la perseverancia, entereza de carácter; la entereza de carácter, esperanza. Y esta esperanza no nos defrauda, porque Dios ha derramado su amor en nuestro corazón por el Espíritu Santo que nos ha dado (Romanos 5:3-5 NIV).

Pero procuren que la paciencia complete su obra, para que sean perfectos y cabales, sin que les falta nada (Santiago 1:4 RVC).

Asuntos a Considerar por el Orador

Uno de los estados de ánimo que he observado en mucha gente con quien he tenido consejería pastoral durante la recuperación es la impaciencia.

Alguien que ha entrado recientemente a la comunidad de recuperación hablará conmigo y me dirá algo como esto: "Tengo que salir de aquí y conseguir un trabajo. Tengo que conseguir algo de dinero. No puedo estar en libertad condicional por un mes sin mi teléfono (la regla de la comunidad). Tengo que recuperar a mis hijos. Tengo que tener dinero para la renta, conseguir un apartamento. Tengo que empezar a avanzar. No tengo tiempo para toda esta espera". Se agitan y se centran en la logística.

Disney World, como usted debe saber, tiene un sistema llamado "FastPass", donde usted puede seleccionar con antelación una atracción y a la hora designada pasar por delante de todos los demás que han estado esperando en la línea regular durante un largo período de tiempo. Muchas de estas personas impacientes en recuperación están buscando un FastPass a una nueva vida.

Otra forma en que esta impaciencia se manifiesta es que pueden intentar ser los "primeros de la clase" en la comunidad de recuperación. Ellos ya dominan todo lo que necesitan aprender en el tratamiento o en las diversas reuniones de grupos pequeños, ya sean orientadas a la recuperación o de índole espiritual. "Ya lo domino", dicen. "Lo domino mejor que todos los que me rodean. Estoy listo para avanzar".

El reto es ayudarlos a ver que ellos han estado en la adicción durante un largo tiempo (en muchos casos). Están bien formados en ese estilo de vida y en la mentalidad que lo acompaña. Tienen muchas heridas. Asegurarse de que estén verdaderamente bien y que puedan confiadamente vivir un estilo de vida diferente va a tomar algún tiempo. Asegurarse de que la sobriedad y la responsabilidad se conviertan en el verdadero fundamento de su nueva vida es un proceso. Ayudarles a crecer en la nueva fe –discipularlos– llevará tiempo. Se deben a sí mismos y a todos aquellos que los aman el ser muy pacientes y tomarse el tiempo para realmente ser sanados. Los alcohólicos abstinentes caen nuevamente demasiado fácil. Se necesita una sanidad real y completa. "Que la paciencia complete su obra", como dice en Santiago 1:4, es la mentalidad que necesitan. Detrás de la prisa para llegar al paso siguiente está la ansiedad de poder alcanzar las metas y el temor de quedarse atrás.

La paciencia es uno de los frutos del Espíritu y necesitamos explicar su naturaleza espiritual:

"Pero el fruto del Espíritu es amor, gozo, paz, paciencia, benignidad, bondad, fe, mansedumbre, templanza..." (Gálatas 5:22-23 RVC).

En otras palabras, la paciencia es algo que crecerá provocado por una relación con Dios a través de Jesucristo, capacitados por el Espíritu Santo. La paciencia es algo que Dios pone en nosotros y crece en nuestros corazones por Su presencia en nosotros y por Su obra en nosotros desde adentro hacia afuera.

> Se deben a sí mismos y a todos aquellos que los aman el ser muy pacientes y tomarse el tiempo para realmente ser sanados.

Pero, ¿qué es exactamente la paciencia? Usted va a tener que ayudar a sus oyentes a entender realmente las muchas dimensiones de esta "virtud".

La paciencia es cuando soporta el paso del tiempo mientras espera a que algo suceda. Usted no se queja. No trata de forzar un resultado o acelera las cosas. No intenta precipitarse. Usted espera con *buena actitud*. Esa es una forma de paciencia.

La paciencia es cuando usted tiene que interactuar con una persona o personas difíciles. En lugar de explotarse con ellos en ira, usted es amable e ignora sus molestas palabras o costumbres. Usted no es duro con ellos y no los rechaza. Eso es paciencia también.

La paciencia es cuando usted o un ser querido tiene una enfermedad o una situación difícil de soportar. En lugar de quejarse, estar lleno de auto conmiseración, o hacer algo tonto para intentar erradicar la situación, usted la soporta, creyendo que el alivio viene de Dios. Usted mantiene una actitud alegre.

Todos esos son ejemplos de situaciones donde se requiere paciencia. La paciencia es esperar algo sin quejarse o hacer algo tonto para intentar salir rápidamente de la situación. Es aprender a soportar personas difíciles con amabilidad y comprensión. Es tolerar el paso del tiempo, cuando nada parece cambiar. Es todas esas cosas. [22]

Tenemos que aprender a tener paciencia con nosotros mismos, nuestras familias, nuestra sanidad, nuestras circunstancias y otras personas. La paciencia debe complementarse con una esperanza real y con creer en la bondad de Dios, que Él tiene un plan para nuestras vidas, y que Él está trabajando detrás del telón, incluso cuando no lo podemos ver. Crecer en esa constante confianza en Dios, llenos de fe y sin importar lo que esté sucediendo, requiere tiempo.

Lograr tener una mentalidad firme como la del profeta Habacuc en el Antiguo Testamento es la meta hacia la cual intentamos movernos en nuestra vida de fe. Él pudo decir:

> **Tenemos que aprender a tener paciencia con nosotros mismos, nuestras familias, nuestra sanidad, nuestras circunstancias y otras personas.**

Aunque la higuera no florezca, ni haya frutos en las vides; aunque falle la cosecha del olivo, y los campos no produzcan alimentos; aunque en el aprisco no haya ovejas, ni ganado alguno en los establos; aun así, yo me regocijaré en el Señor, ¡me alegraré en Dios, mi libertador!

El Señor omnipotente es mi fuerza; da a mis pies la ligereza de una gacela y me hace caminar por las alturas (Habacuc 3:17-19 NVI).

Eso es lo que la verdadera paciencia produce, una profunda confianza en Dios que provoca que una persona encuentre el gozo en Él, aun cuando las circunstancias puedan ser difíciles *e* invariables. Y como la paciencia es un fruto del Espíritu, es Dios en nosotros quien forma y hace madurar ese rasgo del carácter. A través de Su fuerza obrando en nosotros, tendremos la capacidad de esperar. De esta paciencia que adquirimos en el sufrimiento viene la posibilidad de estar gozosos, incluso en los tiempos difíciles. Una persona desarrolla un carácter maravilloso que es noble y paciente en este camino. La persona que realmente tiene paciencia y confía en la voluntad de Dios, cree que Dios está obrando y lo hace todo en Su tiempo perfecto y con los resultados que Él ha diseñado para nosotros. Las promesas de Dios son para nosotros, podemos decidir cuando practicar la paciencia. Hemos aprendido a esperar, e incluso a estar felices durante la espera. La capacidad de ser pacientes trae paz mental.

Una paciencia genuina permitirá que la persona en recuperación se tome el tiempo necesario para estar bien y para obtener las herramientas espirituales para permanecer bien. Una paciencia genuina permitirá que la persona en recuperación no se conforme con metas pequeñas como encontrar un novio o novia o conseguir un apartamento, etc., en lugar de buscar primero una relación profunda con Dios y una sanidad personal profunda y duradera.

Jesús nos dice que Dios conoce nuestras necesidades diarias de ropa, alimentos y dinero para alquiler, de modo que deberíamos "buscar primeramente el reino de Dios y su justicia, y todas estas cosas nos serán añadidas" (Mateo 6:33 NVI). Esto es algo difícil de predicar –confianza durante la escasez– pero es importante declararlo. Es posible vivir de esta manera. Es posible tener esta gran fe.

Una paciencia genuina le permitirá a la persona en recuperación soportar al compañero de cuarto con hábitos estrafalarios o al que habla demasiado o cualquier otro hábito irritante que puedan tener. La paciencia de Dios nos permite no ofendernos ni dejarnos de relacionar con otras personas. En lugar de ello, debemos aprender a ver lo bueno que hay en ellos y prestar atención únicamente a eso.

La paciencia evita que el adicto en recuperación salga "corriendo" a la primera señal de molestia. Nos mantiene alejados de episodios de ira en la carretera y discusiones, de fácilmente renunciar al trabajo y de romper relaciones por gusto. Cuando usted es paciente, evita cometer grandes errores al tomar decisiones y al reaccionar emocionalmente. Aquellos en recuperación se beneficiarán de que se les enseñe exactamente lo que es la paciencia y cómo obtenerla.

Hay ocasiones cuando necesitamos salirnos y tomar acción. Aprender a cuándo y cómo hacer eso también es importante y existe un equilibrio entre esperar y tomar pasos llenos de fe hacia adelante en nuestras vidas. Sin embargo, a menudo tenemos que soportar y esperar incluso cuando las cosas son incómodas. Y seremos recompensados por la espera y por la actitud piadosa que poseamos durante la espera.

Gálatas 6:9 dice que "no nos cansemos de hacer el bien, porque a su debido tiempo cosecharemos si no nos damos por vencidos" (NVI).

Hay mucho valor en aprender a esperar y confiar, especialmente cuando se siente incómodo, y las cosas están difíciles. Esa es la paciencia y es muy necesaria en la recuperación.

Oración por el Orador y la Charla

Padre celestial, vimos a Cristo soportar la cruz por el gozo puesto delante de Él. Fue paciente con ese sufrimiento tan severo porque sabía que el resultado que estaba delante de Él afectaría al mundo para siempre. Fue paciente de otras maneras también, paciente con Sus discípulos que cometieron todo tipo de errores y tenían toda clase de ideas erróneas.

Ayuda a este orador, Señor, a ser paciente consigo mismo, a ser paciente con las personas que forman parte de la comunidad de recuperación a la cual está ministrando, y a ser paciente con las situaciones difíciles. Ayuda al orador para que, a su vez, enseñe y modele esta paciencia "tolerante", no irritándose ni quejándose, sino soportando los desafíos confiando en Dios.

Que esta lección pueda ser bien clara para quienes la están escuchando y que desesperadamente necesitan paciencia para su sanidad. Amén.

Ejemplo de Charla:
Introducción

En la segunda guerra mundial, una mujer llamada Corrie ten Boom fue enviada a un campo de concentración alemán porque había ayudado a los judíos a esconderse de los nazis. Una vez acabada la guerra, Corrie fundó un ministerio y fue invitada a hablar alrededor del mundo. Ella ya tenía más de 50 años, pero se entregó a su trabajo durante muchos años hasta que murió.

Un domingo, cuando ella tenía 80 años, habló en una iglesia en Dinamarca. Después del servicio, dos mujeres jóvenes la invitaron a comer en su apartamento. Corrie les dijo: "Maravilloso", y se dirigió a su casa.

Al llegar allí, descubrió que ellas vivían en el décimo piso y no había ascensor. Ella no creía que iba a poder subir las escaleras con ochenta años, pero aquellas mujeres estaban tan entusiasmadas. Corrie decidió intentarlo.

Por el quinto piso, estaba jadeando para respirar, su corazón latía violentamente, y sus piernas ya no resistían. Se hundió en una silla en uno de los pisos y comenzó a quejarse amargamente a Dios dentro de sí misma. "¿Es este el día que me voy al cielo?".

Pero sintió que Dios le dijo: "Corrie, ten paciencia con esto. Algo maravilloso te está esperando". Así que continuó el duro ascenso con una joven delante de ella y la otra detrás.

Cuando llegó al apartamento, los padres de una de las chicas estaban allí y ninguno de los dos era cristiano. Tenían hambre de oír hablar de Jesús y habían estado esperando ansiosamente a Corrie. Ella abrió su Biblia y comenzó a explicar cómo Jesús salva las vidas. Sus palabras sobre el evangelio fueron tan conmovedoras para los padres que ambos dieron sus vidas a Cristo.

Más tarde ese día, cuando Corrie bajaba las escaleras, ella oró: "Gracias, Señor, por darme la paciencia para subir escaleras. Y la próxima vez, ayúdame a escuchar mis propios sermones acerca de estar dispuestos y ser suficientemente pacientes para ir a donde Tú me envíes, incluso hasta diez pisos de escaleras." [23]

Corrie ten Boom trajo a dos personas a la familia de Dios ese día porque ella decidió ser paciente de varias maneras diferentes. Ella tuvo que ser paciente con su anciano cuerpo que no era tan fuerte. Tuvo que ser paciente con dos jóvenes mujeres que la pusieron en la situación de tener que subir diez pisos de escaleras. Tuvo que ser paciente al subir, paciente con la gente que necesita enseñanza, y tuvo que ser paciente con un Dios que considera que dos personas que sean salvas en un almuerzo es más importante que cualquier otra cosa, incluso dolores y molestias.

Me gusta esta anécdota porque presenta el hecho de que tenemos una gran variedad de cosas con las que tenemos que ser pacientes. La gente, el dolor físico, las situaciones difíciles, Dios, todas esas cosas son oportunidades para que seamos pacientes. Pero, ¿qué es exactamente la paciencia?

Ser paciente significa que usted puede esperar cuando hay demoras sin molestarse. Puede soportar a personas o situaciones difíciles sin perder su temperamento o estar enojado. Significa que usted persevera. Y también puede significar que usted es comprensivo y tolerante.

Paciencia con las Personas

Cada día alguien nos da la oportunidad de practicar el ser paciente con ellos, ¿verdad? Lo mismo si se trata de un compañero de trabajo descuidado después del cual usted tiene que recoger, o la gente que usa sus cosas sin preguntar, o alguien que es temperamental, quejumbroso, autoritario, o engreído, usted tiene la oportunidad de ser o paciente o no. Cada día, hay alguien que le ayuda a practicar como aguantar la respiración y orar, contar hasta diez, o ir a la habitación contigua para ventilar el vapor.

El deseo de Dios es que nosotros seamos pacientes con los demás. Él no quiere que estemos amargados en nuestro interior o furiosos en nuestro exterior. Él quiere que aprendamos a tolerar a otros sin comprometer nuestros valores. Él quiere que sigamos adelante y no nos rindamos.

Por lo tanto, en otras palabras, si usted tiene un/a compañero/a de trabajo descuidado/a, está bien hablar con él o ella directamente sobre el problema. Ayúdelo/a si es posible. Muéstrele con tacto cómo hacer mejor el trabajo. Lo que no es una buena solución es explotarse y avasallarlos con sus palabras o incluso ir más allá. Un seguidor de Cristo sigue el camino de la paz, soluciona las cosas en paz.

Uno de los más famosos versos de la Biblia, 1 Corintios 13:4 (NVI) dice: "El amor es paciente, es bondadoso". Y cuando ponga ese versículo junto a algo que dijo Jesús (Juan 13:35 NVI), sabrá que la paciencia es un requisito para aquellos que dicen ser sus seguidores. Él dice: "De este modo todos sabrán que son mis discípulos, si se aman los unos a los otros".

Si amar a otras personas los convencerá de que realmente somos seguidores de Jesús, y si uno de los aspectos del amor es que es "paciente", entonces debemos ser pacientes con las personas. Y oh, requiere de mucha práctica, ¿no es así? Y un montón de disculpas a lo largo del camino cuando seamos impacientes.

Déjenme contarles otra historia sobre un líder cristiano y la paciencia.

Hubo un gran evangelista a finales de los 1800 llamado D.L. Moody. Una noche él estaba celebrando dos servicios seguidos. Después que salió el primer grupo, él estaba cerca de la puerta delantera para saludar al segundo.

Fue en este momento que un hombre se acercó a Moody, "se le encaró", y lo insultó gravemente. Moody estalló en ira y empujó al hombre hacia atrás un par de escalones.

El hombre no se lastimó mucho, pero los amigos de Moody se preguntaban cómo iba a poder ministrar en el segundo servicio cuando la gente había presenciado su comportamiento impaciente. Pensaron: "El señor Moody ha matado este servicio. Muchas personas vieron lo que hizo. Nadie será influenciado por nada de lo que tiene que decir".

Pero Moody fue hacia el frente. Se levantó y dijo con una voz temblorosa: "Amigos, antes de iniciar este servicio esta noche quiero confesar que acabo de dejar que mi mal genio me controlara en el pasillo, y eso estuvo mal. Mientras venía para acá en esta noche, perdí mis estribos con alguien, y quiero confesar mi mal proceder a todos ustedes. Si ese hombre que empujé en mi ira está todavía aquí, quiero pedirle perdón y le pido a Dios que me perdone también. Ahora, oremos".

En lugar de tener una mala reunión, la gente dijo más tarde que fue extraordinariamente conmovedora y maravillosa. [24]

Nos encontraremos con muchas personas que nos ofenderán como aquel hombre hizo con Moody, o que son molestos, fastidiosos o tienen otras características que nos "sacan de quicio," pero Dios todavía nos dirá: "Ten paciencia, aprende a ser paciente".

Y también debemos tener paciencia con Dios. Hay veces que oramos y pedimos algunas cosas, y el mensaje que recibimos de Dios es "todavía no". O nos sentimos como que no podemos escuchar a Dios. En esos momentos, debemos tener paciencia y recordar que la Biblia dice que Él está por nosotros y con nosotros. Debemos soportar pacientemente, esperando el tiempo de Dios.

Paciencia con la Prueba

A veces, es necesario armarse de paciencia con el sufrimiento. Tenemos una enfermedad, o un miembro de la familia tiene una enfermedad y no ha sido sanado. Quizás, estamos luchando con problemas financieros o estamos buscando un trabajo. Hay muchas veces cuando usted se siente como que ya no puede soportar esa situación un minuto más, y sin embargo, Dios nos dice: "Confía en mí, adora, quédate conmigo. Las cosas se resolverán. No te rindas, mantén una buena actitud". Nunca sabemos lo que Dios está haciendo "detrás del telón", pero debemos seguir con esa chispa de esperanza inquebrantable que dice: "Él está obrando".

Paciencia con el Paso del Tiempo

Y por último, a veces hay que ser paciente con la espera, con el paso del tiempo, con el aburrimiento. Quizá está esperando en una línea en el tráfico, una línea en la tienda, o que le toque su turno en la clínica.

A veces necesitamos mucha paciencia cuando estamos esperando a que sea nuestro turno. A veces, estamos esperando a que ocurra algo y el tiempo sigue pasando.

A veces, la paciencia que necesitamos es simplemente con tener que ver pasar el tiempo y tener que vivir muchos días ordinarios y aburridos. Se mantiene todo igual día a día.

Pero, si vamos a aprender esa habilidad, a esperar tranquilamente, la vida será mucho más pacífica, y vamos a evitar errores como tener un ataque de ira como le pasó a Moody, o adelantarnos a Dios y tratar de hacer que las cosas sucedan cuando no es el momento adecuado para ellas.

La Paciencia de Dios con Nosotros

Mientras luchamos por adquirir esta habilidad tan difícil –usted sabe que a veces con quien tenemos que tener más paciencia es con nosotros mismos– debemos recordar que Dios tiene mucha paciencia y amor para con nosotros. Romanos 5:8 dice esto: "Pero Dios mostró el gran amor que nos tiene al enviar a Cristo a morir por nosotros cuando todavía éramos pecadores" (NTV).

Dios hizo la mayor demostración de paciencia que jamás se haya hecho. Él no nos amó e intervino en nuestra situación después que éramos perfectos. Nunca podremos ser perfectos por nosotros mismos. Él vino cuando éramos personas complicadas y rebeldes y nos perdonó completamente. Él fue totalmente paciente con nosotros y todavía lo es. Él es un Dios "clemente y compasivo, lento para la ira y grande en amor" (Salmo 145:8 NIV). "Lento para la ira" significa que Dios es paciente. De hecho, la versión Dios Habla Hoy de la Biblia traduce esa frase como "paciente".

Sea paciente con usted mismo en este proceso de recuperación. Dese el tiempo necesario para lograr ser realmente fuerte en su sobriedad antes de pasar a la siguiente etapa de su vida. Dios tiene una forma increíble de recuperar lo que nosotros pensamos que ha sido mucho tiempo perdido. Y cuando cometa el error de ser impaciente con los demás, discúlpese con Dios y con ellos y después incorpórese y siga intentándolo. Sea paciente con usted mismo porque *Él* es paciente con usted.

Preguntas para los Grupos Pequeños

1. ¿Qué le hace ser impaciente? ¿Se impacienta a menudo?

2. ¿Cómo pudiera reaccionar de forma diferente y ser paciente? ¿Qué sugerencias tendría para el grupo sobre cómo ser más pacientes? ¿Cómo ayuda Jesús en eso?

3. Hemos hablado del temor en estos estudios. ¿Cree usted que el temor y la impaciencia están relacionados?

4. ¿Quién ha sido muy paciente con usted en el pasado y recientemente? ¿Cómo fue esa experiencia?

5. A veces la gente bromea y dice: "Si usted desea aprender a tener paciencia (o a perdonar), debe vivir con un compañero de cuarto. ¿Vivir en una comunidad le ayuda a ser más paciente, o es realmente algo desafiante para usted?

11

El Poder del Perdón: Para Dios, Usted y Otros

Versículos Claves

Yo soy el que por amor a mí mismo borra tus transgresiones y no se acuerda más de tus pecados (Isaías 43:25 NVI).

De modo que se toleren unos a otros y se perdonen si alguno tiene queja contra otro. Así como el Señor los perdonó, perdonen también ustedes (Colosenses 3:13 NVI).

Jacob insistió: "Ya que me has recibido tan bien, ¡ver tu rostro es como ver a Dios mismo!" (Génesis 33:10 NVI).

Asuntos a Considerar por el Orador

Hay una escena en la película "Un Sueño Posible", la historia de Michael Oher, un chico extremadamente pobre de los barrios marginales que se convirtió en un jugador profesional de fútbol americano, en la que él le revela a la madre de la familia que se hizo cargo de él, que de niño nunca había tenido una cama. Ella y su familia habían acabado de preparar un dormitorio para Michael en su casa después de acogerlo como un adolescente sin hogar.

La actriz Sandra Bullock (quien hace el papel de la madre real, Leigh Anne Tuohy) entra en la habitación contigua, cierra la puerta y comienza a llorar.

Cuando ministre grupos de personas en recuperación, y si el trasfondo primario de la gente con las que trabaja es como el de Michael, pobres, o muy pobres, adicción en la familia, etc., usted escuchará este mismo tipo de historias que le romperán el corazón.

El rechazo, la escasez, el abuso, la violencia que muchos de ellos han soportado provocará que haya momentos en su ministerio, donde tendrá que ir a la habitación de al lado, cerrar la puerta, y llorar…y orar.

Confieso que mientras manejo por los barrios pobres de la ciudad donde he estado ministrando ya por varios años, hay días en que los que quiero dar la vuelta y salir de allí. No me siento lo suficientemente fuerte como para oír las historias de violación o abuso, abandono, intento de asesinato, etc., que han tenido lugar en las vidas de la gente que ministro. Por supuesto, no todas las historias personales son tan dramáticas, gracias a Dios, pero hay suficientes historias de este tipo de conducta extrema como para provocarnos gran pesar.

Eso no quiere decir que las mismas cosas no suceden en cualquier otro barrio. Los actos perversos no respetan demografía. Suceden en todas partes. Pero cuando alguien viene de un trasfondo de pobreza, las rutas para escapar de los traumas parecen ser menos.

Y sin embargo, con Dios, todas las cosas son posibles.

Es muy importante reconocer el horror de las experiencias que estas personas han atravesado, pero debemos ayudarles a entender que si pueden captar el concepto bíblico del perdón y practicarlo, serán libres. Usted PUEDE salir de su pasado. Usted puede sanar los viejos recuerdos. Verdaderamente, nosotros podemos perdonar a aquellos que nos han hecho cosas sin excusas, o restarles importancia a sus horribles actos. Podemos perdonarlos incluso si no podemos seguir estando cerca de ellos. Y podemos vivir en el poder de la resurrección, no como víctimas.

Creo firmemente que cuando venimos a morar en la magnífica belleza de Dios el Hijo, Jesús, comenzamos a comprender más plenamente todo lo que hizo en la cruz por nosotros y CUÁNTO nos ama, dejamos de enojarnos con otras personas por cosas insignificantes o de estar constantemente heridos por cosas graves. Nuestra conciencia de Su profundo amor y Su grandioso plan para nosotros, hace que seamos capaces de dejarles pasar muchas cosas a otras personas.

> **Nuestra conciencia de Su profundo amor y Su grandioso plan para nosotros, hace que seamos capaces de dejarles pasar muchas cosas a otras personas.**

Recibimos la capacidad de perdonar. ¿Por qué? Porque nuestro presente y nuestro futuro no dependen de ellos. Dependen de Él. Y a través de Él, nuestro propio pasado es borrado y olvidado también. Isaías 43:25, anteriormente mencionado, es sólo uno de varios versículos que dicen que "Dios *elige* olvidar nuestros pecados". No tenemos ninguna necesidad de permanecer enojados con nosotros mismos, con Dios, o con los demás. Y NO debemos permanecer enojados con nosotros mismos, con Dios, o con los demás. Hacerlo es prolongar nuestro sufrimiento y Dios no desea que vivamos una vida de sufrimiento a causa de la falta de perdón.

Sin embargo, usted tendrá trabajo por delante en convencer a personas que han visto algunas cosas bastante terribles, a que deberían perdonar. A menudo no perdonamos porque tememos que vamos a librar a alguien de su responsabilidad. No sólo eso, tememos que puedan celebrar su victoria sobre nosotros, o peor aún, que nos pueden hacer lo mismo de nuevo a nosotros o a alguien más. Es importante enseñar que lo que la otra persona elija hacer no es el problema. Lo importante es lo que nosotros elijamos hacer.

Hay otro problema, y es que podemos tener deseos de que se haga justicia y de que los culpables sean castigados. Perdonar a alguien es liberar esa necesidad de verlos castigados, al menos por nosotros. Esto no es fácil. Necesitamos la ayuda de Dios. Su grupo de recuperación verdaderamente necesitará oración para que Dios les de fuerzas y sean capaces de perdonar.

Es importante subrayar que Dios dice varias cosas acerca del perdón en Su Palabra.

1. Somos culpables y necesitamos perdón también (Romanos 3:23).
2. Jesús sufrió una muerte atroz para que el mundo *entero* pudiera ser perdonado (1 Juan 2:2).
3. Si no perdonamos, Dios no puede perdonarnos (Mateo 6:15).
4. Dios es el vindicador, el portador de la justicia. No somos nosotros (Romanos 12:19)
5. Dios nos manda a bendecir a nuestros enemigos (Mateo 5:44).
6. Las cosas horribles pueden ser perdonadas. Podemos ser libres de ellas. La historia de José, como usted probablemente sabe, es una clásica historia en la Biblia acerca de perdonar lo

imperdonable. Los propios hermanos de José lo vendieron como esclavo. Le mintieron a su padre y le dijeron que José estaba muerto. La esposa de su amo en Egipto mintió acerca de él y lo acusó de violación. Fue enviado a la cárcel. Un hombre al que él le pidió ayuda y a quien él había ayudado en la cárcel, el copero del rey, se olvidó de él durante dos años después que salió libre. Así que José languideció en prisión dos años más (Génesis 37, 39 y 40).

7. Pero José mantuvo una actitud y un corazón recto y era digno de confianza, aun siendo esclavo y prisionero. *Dios* lo vindicó y lo sacó de la cárcel a un lugar de prominencia y a un lugar donde pudo prosperar y hacer un buen trabajo. Dios va a restaurar nuestras vidas también, después de que nos hieran, si confiamos plenamente en Él y practicamos el perdón (Génesis 50:19-21).

¿Cómo sabe cuando ha perdonado totalmente a alguien?

Podrá dejar de pensar en la persona y sus injusticias. Ya no tendrá que repetir las conversaciones con ellos en su cabeza llena de "lo que debería haber dicho". Usted no les hablará a otros acerca de las maldades de esta persona. Podrá dejar de pensar en maneras de castigarla y usted no podrá intentar castigarla. Usted será capaz de decir con toda sinceridad: "Lo/a perdoné". Usted sentirá la paz y la presencia de Dios con usted. La amargura se irá. La recuperación será mucho más fácil si no tenemos rencores. [25]

Oración por el Orador y la Charla

Oh Señor, Tú sabes cuán difícil es para nosotros superar el dolor que a veces sentimos por la manera en que otros nos han tratado. Luchamos y luchamos para dejar ir el dolor y luego reemplazarlo con el perdón.

También hemos herido a otros y nos resulta difícil a veces decir las humildes palabras: "Lo siento": Precioso Espíritu, te pido por este orador ahora mismo, que si está experimentando dolor sienta que Tú se lo quitas por Tu poder obrando en él. Que su principal motivación sean el perdón y el gozo de permanecer cerca de Ti a través de la obediencia. Ayuda a este orador a recordar que ha sido perdonado y amado por Ti y que ese perdón ya tuvo lugar hace más de dos mil años. Ayúdalo a recibir la realidad de esto aun más profundo en su corazón y a tener la convicción de que es preciado y honrado a Tus ojos. Ayúdalo a irradiar esa convicción a su audiencia al tener un acceso pleno a Tu amor y perdón para sí. Ayúdalo a guiar a aquellos que Tú le has puesto para que les enseñe, a una plena disposición a practicar el perdón en Tus fuerzas. En el nombre de Jesús. Amén.

Ejemplo de Charla:
Introducción

Hace años, recuerdo que me invitaron a predicar en un estudio bíblico para mujeres en otra iglesia. Muchas mujeres participaron en ese estudio de solo unas semanas de duración. También me pidieron que dirigiera uno de sus pequeños grupos. Cuando llevábamos unas pocas semanas, uno de los líderes me dijo que una mujer en mi grupo había dicho que "si ella tenía que estar en mi grupo un minuto más, no iba a venir más".

Me quedé pasmada. Yo había acabado de conocer a esa mujer.

Desde mi punto de vista, yo creía que el grupo iba muy bien, que estábamos teniendo excelentes debates. Pensé acerca de cómo estaba dirigiendo el grupo, considerando si había sido ofensiva, o arrogante o si de alguna manera no había actuado correctamente. No me venía nada a la mente que yo podía haber hecho o dicho, especialmente en el área a la que esta mujer se refería. Yo consideraba que había sido afectuosa y amable.

Fue hiriente y vergonzoso que hablaran de mí de esa manera. Y ponía en peligro que en un futuro colaborara con ellos, pensé. Pero, permitimos que la mujer se cambiara de grupo. Sólo esperaba que ella no estuviera diciéndoles a los demás lo que pensaba sobre mí, envenenando las aguas aún más.

Le voy a decir la verdad, yo estuve tentada a darle lugar a aquello y sentirme ofendida con ella. Estuve tentada a evitarla. Y entonces oré "Señor, estoy dolida. Ayúdame". Desearía que ella fuera la única, pero cosas como estas suceden en las iglesias. Las personas vienen a las iglesias con heridas y se sienten ofendidas por otras personas a causa de los filtros que tienen por las heridas del pasado. De alguna manera, yo había invadido el territorio de esta mujer por razones que yo no podía entender. Y ahora, ella me había herido, y como soy líder, ella no fue la primera que me causó daño en mis años de liderazgo.

Empecé a orar intensamente. "Señor, no quiero sentirme ofendida con ella. Ayúdame a liberarla, a perdonarla totalmente y a no decirle a más nadie lo que sucedió". Esa fue mi oración durante unas cuantas semanas. La buena noticia es que a través de esa oración, Dios me ayudó. No pasó mucho tiempo antes de que ya no sentía nada más con respecto a su rechazo. Y cuando la vi, pude saludarla calurosamente con sinceridad. Solté completamente mi dolor y la perdoné totalmente. No dije nada más a nadie acerca de aquello.

Quizás yo le *había* dicho algo o le contesté de alguna manera que le molestó. Puede que yo haya sido insensible sin darme cuenta. Quizás ella estaba atravesando alguna situación realmente difícil. Quizás yo le recordaba a alguien. Nunca lo sabré. Pero, lo más importante es que el Señor me ayudó. Él me libró de la falta de perdón. Él me hizo libre del dolor. Pero yo fui fiel y obediente en venir a Él en oración y seguir Sus enseñanzas, lo mejor que pude, sobre el perdón.

¿Cuántas veces nos suceden este tipo de cosas en nuestras vidas?

Todos nos Herimos

Nos suceden muchas veces porque hay mucha gente en nuestras vidas, desde familia, a compañeros de trabajo, a vecinos, a gente en la calle. Hay muchas oportunidades para que la gente nos lastime tanto de maneras insignificantes como de maneras severas, aparentemente imposibles de perdonar. Si viviéramos como ermitaños, puede que no tuviéramos que preocuparnos por el perdón, excepto por perdonarnos a nosotros mismos. Pero, la mayoría de nosotros no vive como ermitaños, por lo que hay muchas oportunidades de que los demás nos hieran. Y de que nosotros hiramos a otros. Así que tenemos muchas oportunidades de practicar el perdón.

Quiero hablar en esta noche de una historia bíblica sobre dos hermanos, Jacob y Esaú. Puede que la conozca o puede que sea completamente nueva para usted. Pero es una gran historia sobre cosas que pueden suceder, incluso entre hermanos, que necesitan ser perdonadas.

Hubo un momento en sus vidas cuando Esaú quería matar a Jacob. Fue tan malo que Jacob tuvo que huir de su país para escapar de Esaú. Esto es lo que sucedió:

La Falta de Perdón Ocasiona Problemas

Esaú y Jacob eran dos hermanos que tuvieron problemas incluso antes de nacer. La Biblia dice que los bebés forcejearon uno con el otro dentro de su madre Rebeca (Génesis 25:22) Cuando los niños nacieron, Esaú salió primero, pero Jacob estaba agarrado de su talón, intentando salir primero que él, supongo (Gén. 25:26) Esaú se convirtió en un cazador, un hombre del campo, mientras que Jacob estaba feliz de quedarse en casa habitando en las tiendas (Génesis 25:27). Para Isaac, su padre, Esaú era su favorito, pero Rebeca, su madre, prefería a Jacob (Génesis 25:28). Eso no está bien, ¿verdad?

Los dos episodios importantes de la batalla entre los hermanos son las historias de Jacob tomando la primogenitura y la bendición de Esaú.

Un día Esaú venía del campo y estaba muy hambriento. Le pidió a Jacob que le diera de su guiso. Jacob, que se había convertido en un astuto manipulador, le dijo: "Véndeme tu primogenitura y te doy el guiso". Esaú, que era el primero de los dos gemelos que había nacido, le dijo: "Está bien, toma mi primogenitura, pero dame ya mi comida", y comió pan y guisado de lentejas. Ser el primogénito otorgaba muchos derechos y privilegios en el antiguo Israel y Jacob manipuló a Esaú para que los perdiera todos. Pero, note que Esaú estaba dispuesto a renunciar a esas bendiciones por una simple cena.

El hecho más grave sucedió cuando el padre Isaac estaba mucho mayor y se había quedado ciego. Él quería que su hijo Esaú viniera a verlo con algún animal que él cazara y cocinara. Entonces, Isaac planificaba darle su bendición después de una gran cena.

Rebeca, sin embargo, escuchó la conversación. Como ella amaba más a Jacob, le dijo que se pusiera alguna ropa de su hermano y que se cubriera los brazos con pieles de animales ya que Esaú era un hombre velludo. Ella entonces cocinó un cabrito y se lo entregó a Jacob para que lo trajera a Isaac. Isaac dudó un poco sobre quien tenía delante de sus débiles ojos, pero al oler la ropa y sentir los "brazos peludos" aceptó que debía ser Esaú y le dio su bendición paternal a Jacob (Génesis 27).

En la bendición, Isaac hizo a Jacob señor de sus hermanos y otros parientes. Cuando Esaú regresó y supo lo que había sucedido, estaba resentido y molesto. Le rogó a su padre que lo bendijera también, pero lo que su padre le dijo acerca de su futuro, a consecuencia de haber perdido la bendición del primogénito, fue pésimo.

Esaú estaba furioso y dijo: "Ya falta poco para que hagamos duelo por mi padre; después de eso, mataré a mi hermano Jacob" (Génesis 27:41 NVI).

Rebeca, una vez más, intervino a favor de Jacob y frustró el plan de Esaú. Envió a Jacob a casa del hermano de ella en Jarán. Jacob huyó de un hermano decidido a matarlo. Fue a vivir con su tío Labán.

Pasaron muchos años. Jacob sirvió a su tío Labán, se casó con sus dos hijas, y tuvo muchos hijos. Tuvo problemas con esta parte de la familia también, pero finalmente, Jacob oyó a Dios hablándole y diciéndole: "Vuélvete a la tierra de tus padres, donde están tus parientes, que yo estaré contigo" (Génesis 31:3 NIV).

Dios está en el Perdón

Cuando Jacob se acercaba a la región donde se encontraría con Esaú, envió delante de él siervos con muchos rebaños, esperando obtener la bondad de Esaú. Oró y le recordó a Dios Sus promesas de que él, Jacob, sería prosperado y le pidió a Dios que lo protegiera. Cuando llegó cerca de Esaú, quien tenía cuatrocientos hombres con él, colocó a sus esposas e hijos detrás de él, y con mucho miedo, pasó a encontrarse con Esaú.

Entonces, lo más sorprendente ocurrió. Esaú corrió a reunirse con él, arrojó sus brazos en su cuello, lo besó, y lloraron de alegría (Génesis 33:4).

Esaú se preguntaba por qué Jacob le había enviado tanto ganado. Jacob le dijo que intentaba ganarse su confianza. Esaú le dijo que él ya tenía bastantes rebaños y que Jacob debería quedarse con los suyos. A continuación, se dice una de las más bellas frases de la Biblia. Jacob dijo que ver el perdón y la aceptación de Esaú era como "ver a Dios mismo" (Génesis 33:10 NVI). Imagínese eso, el hermano que lo había querido matar, ahora le parecía a Jacob como Dios, porque estaba lleno de perdón.

Eso es muy cierto: cuando una persona perdona a otra, especialmente si lo que ha sucedido entre ellos ha sido una cosa *muy* difícil, es un momento en que la presencia de Dios es muy real. ¿Por qué? Porque Dios es amor. Y toda la actitud de Dios hacia la raza humana ha sido perdonarnos y restaurarnos a una relación con Él a través de la cruz de Cristo. Dios es amor. Él es perdón.

Debemos Perdonar

Dios nos pide ser el tipo de personas que están dispuestas a decir "Te perdono" todo el tiempo. ¿Por qué? Porque Él lo hizo por nosotros. Eso no significa que excusemos todo tipo de comportamiento o que no observemos la falta de arrepentimiento de alguien. Necesitamos sabiduría en la forma de manejar esas situaciones. Si alguien no se arrepiente, usted todavía puede tratar de dejar ir su resentimiento.

Fuimos perdonados hace aproximadamente dos mil años. Jesús llevó nuestra carga para que nosotros no tuviéramos que pagar por la ira de Dios contra el pecado. Nos libró de la culpa. Tenemos que dejar libres a aquellos que nos han hecho daño si están arrepentidos y dejarlos libres incluso si no lo están.

Una última historia bíblica importante sobre esto. Esta historia se llama la parábola del siervo malvado. Se encuentra en Mateo 18:23-35. Jesús contó esta historia cuando Pedro le preguntó cuántas veces debía de perdonar a un hermano o hermana que hubiese pecado contra él. "¿Hasta siete veces"? Sugirió Pedro. Jesús le respondió: "No te digo hasta siete, sino aun hasta setenta veces siete" (Mateo 18:23-35 NTV).

Entonces Jesús contó una historia. Dijo:

»Por lo tanto, el reino del cielo se puede comparar a un rey que decidió poner al día las cuentas con los siervos que le habían pedido prestado dinero. En el proceso, le trajeron a uno de sus deudores que le debía millones de monedas de plata. No podía pagar, así que su amo ordenó que lo vendieran —junto con su esposa, sus hijos y todo lo que poseía— para pagar la deuda.

»El hombre cayó de rodillas ante su amo y le suplicó: "Por favor, tenme paciencia y te lo pagaré todo." Entonces el amo sintió mucha lástima por él, y lo liberó y le perdonó la deuda.

»Pero cuando el hombre salió de la presencia del rey, fue a buscar a un compañero, también siervo, que le debía unos pocos miles de monedas de plata. Lo tomó del cuello y le exigió que le pagara de inmediato.

»El compañero cayó de rodillas ante él y le rogó que le diera un poco más de tiempo. "Ten paciencia conmigo, y yo te pagaré", le suplicó. Pero el acreedor no estaba dispuesto a esperar. Hizo arrestar al hombre y lo puso en prisión hasta que pagara toda la deuda.

»Cuando algunos de los otros siervos vieron eso, se disgustaron mucho. Fueron ante el rey y le contaron todo lo que había sucedido. Entonces el rey llamó al hombre al que había perdonado y le dijo: "¡Siervo malvado! Te perdoné esa tremenda deuda porque me lo rogaste. ¿No deberías haber tenido compasión de tu compañero así como yo tuve compasión de ti?" Entonces el rey, enojado, envió al hombre a la prisión para que lo torturaran hasta que pagara toda la deuda.

»Eso es lo que les hará mi Padre celestial a ustedes si se niegan a perdonar de corazón a sus hermanos.

Esa es una dura historia porque nos está diciendo: "Debes perdonar, porque en Cristo, has sido perdonado mucho más. Si crees en Jesús, Él te ha salvado de la muerte eterna y te trasladó a la vida eterna".

Usted puede decir que hay algunas cosas demasiado difíciles de perdonar. Lo sé, pero puedo pensar en incontables historias de personas que han perdonado todo tipo de cosas terribles. Conozco a un padre que perdonó al asesino de su hijo y ahora ministra a los reclusos en la cárcel. Conozco a un hombre que era inocente, pero estuvo preso durante veinticinco años. Él ha perdonado a todos por ese mal y ahora es un pastor. Leí la historia de un hombre que se quedó ciego por culpa de un adolescente que estaba lanzando grandes rocas en un viaducto de la autopista. Él lo perdonó cuando lo visitó en la cárcel. [26] Hay una historia de Corrie Ten Boom, la líder cristiana llevada a los campos de concentración nazis que mencionamos en un capítulo anterior, que tuvo el coraje de estrechar la mano y perdonar al guardia que había sido tan cruel con ella, su hermana y otras personas más. [27]

Podemos contar muchas historias de personas que han perdonado lo imperdonable y han experimentado una gran libertad en hacerlo. A veces, la gente no dice lo siento o no enmienda lo que ha hecho. Usted aún puede liberarlos en su corazón y dejárselos a Dios, alejándose así de su propio cautiverio y resentimiento. Vale la pena. Le va a gustar cómo se sentirá cuando sea libre de la falta de perdón y, lo más importante, estará en sincronía con su Padre en el cielo.

Preguntas para los Grupos Pequeños

1, ¿Cuán fácil es para usted perdonar cuando le hieren? ¿Está tratando de perdonar a alguien ahora mismo?

2. ¿Se ofende o irrita fácilmente por pequeñas cosas? ¿Qué pasos puede tomar para que eso cambie?

3. ¿Teme usted que si perdona a alguien totalmente, esa persona se "haya salido con la suya?". ¿Siente que tiene que permanecer enojado para asegurarse de que la persona que lo hirió lo sienta mucho o para que reciba el castigo que merece?

4. ¿Orar por las personas que lo han herido le ayuda a tener más paz? ¿Puede usted orar por sus "enemigos"?

5. ¿Cuál es el mensaje de la parábola del siervo malvado?

Ore con los miembros del grupo que expresen un verdadero dolor por cosas que les han hecho de las que todavía no se han recuperado.

12

No Se Rinda Cinco Minutos Antes De Su Milagro

Versículos Claves

Y Ana dijo: Halle tu sierva gracia delante de tus ojos. Y se fue la mujer por su camino, y comió, y no estuvo más triste (1 Sam. 1:18 RVR60).

Estén siempre alegres, oren sin cesar, den gracias a Dios en toda situación, porque esta es su voluntad para ustedes en Cristo Jesús (1 Tesalonicenses 5:16-18 NVI).

…Mas el de corazón contento tiene un banquete continuo (Proverbios 15:15b RVR60).

Asuntos a Considerar por el Orador

(Nota: Esta podría ser la noche en que especialmente algunas personas compartan sus testimonios sobre su recuperación, ya sea en vivo o a través de vídeo. Estas historias aumentarán la fe del grupo).

Es mucho más fácil mirar con confianza hacia el futuro en la tierra si uno tiene un buen trabajo, una casa, un automóvil y una abultada cuenta de retiro, que si uno no tiene dinero, ni cuenta de banco, ni trabajo, ni casa, ha roto buenas relaciones del pasado, etc.

Estoy hablando de una manera natural, por supuesto. Pero esa es la lucha en nuestras vidas, determinar de donde vendrán nuestra identidad y seguridad. Podemos aprender, en nuestro caminar con Dios, a tomar cada día un paso a la vez y llegar a creer firmemente que Dios proveerá, sin importar dónde estemos en la vida. Podemos creer que Él hará camino donde no hay camino. Además, podemos tener la perspectiva eterna correcta de que no fuimos hechos solamente para esta breve vida. Dios ha puesto "eternidad en el corazón humano" (Eclesiastés 3:11 NTV). "Nuestra ciudadanía está en los cielos, de donde también esperamos al Salvador, al Señor Jesucristo" (Filipenses 3:20 RVR60).

Sin embargo, hablando de manera realista, puede ser muy difícil para alguien que lo ha perdido casi todo a través de la adicción, y que no tenía mucho en primer lugar, escucharle a usted decir: "Confíe en Dios. Ponga su esperanza en Él. Su futuro puede ser brillante aquí y vivirá eternamente con Él también." Puede sonar demasiado tonto y simplista. Especialmente si ya están llegando a sus treinta, cuarenta, cincuenta o más. Pueden sentirse como que ya el futuro se les viene encima y que ese tipo de conversación llena de esperanza no se corresponde con sus luchas diarias. Muchos de los que escuchan puede que crean que Dios es parte importante del problema. Ellos pudieran creer que Él es quien ha causado su mala suerte y sus fracasos. Él es la razón por la cual ellos llegaron a la reunión del grupo en recuperación con sus pertenencias en una bolsa de plástico. Y habrá quienes sufran de depresión, ataques de pánico y ansiedad u otros problemas mentales. Tener esperanza puede parecerles una respuesta totalmente irreal.

Pero sea que uno tenga una cuenta de retiro sustanciosa, o ninguna cuenta bancaria, un millón de dólares o ningún dinero, el llamado de la Biblia es que todos nosotros acudamos a Dios para nuestras necesidades espirituales y terrenales con absoluta confianza y dependencia. La razón por la cual el vigésimo tercer Salmo de la Biblia es un clásico, amado por los creyentes y conocido por los no creyentes, es que evoca ese estilo de vida de descansar, creer en Él y sentirse totalmente protegido por un Dios bueno que nos guía a un buen futuro.

En el Salmo 23, se representa a Dios como un pastor del Oriente Medio que hará lo imposible para proteger a sus ovejas, tratándolas como un padre. Los buenos pastores de esa región son en realidad, así mismo, por lo tanto, las palabras son muy precisas. [28] "Jehová es mi pastor; nada me faltará. En lugares de delicados pastos me hará descansar; Junto a aguas de reposo me pastoreará. Confortará mi alma..." (Salmo 23:1-3a RVR60).

El Señor también es representado como un anfitrión mediterráneo en este salmo, el que prepara una mesa delante de nosotros en presencia de nuestros enemigos. Él "unge nuestras cabezas con aceite y nos da copas rebosantes. La bondad y la misericordia nos van a seguir todos los días de nuestra vida", gracias a la atención de nuestro anfitrión celestial, Dios (Paráfrasis del Salmo 23:5b-6a).

Cuando usted guía a la gente a confiar en el Dios de la Biblia, revelado en Jesucristo, por obra del Espíritu Santo, ellos empezarán a mirar sus situaciones con ojos espirituales y a ver más allá de las luchas diarias, creyendo en un Dios poderoso y capaz que las conoce y los ayudará a superarlas. Ellos tendrán la capacidad de mirar a los problemas como algo temporal. No sólo eso, sino que en medio de la lucha, tendrán la confianza de que Dios los sostendrá.

"Quien en ti pone su esperanza jamás será avergonzado" (Salmo 25:3a NVI).

¿Cómo puede usted, con la ayuda de Dios, guiarlos a ese lugar de confianza? ¿Cómo puede ayudarlos a superar el sentirse desalentados, enojados o escépticos, pensando que las cosas nunca cambiarán y sintiendo que mañana es simplemente más de las sobras de ayer? ¿Cómo puede guiarlos a una fe poderosa que les haga esperar incansablemente como Abraham (Romanos 4:18-25), aun cuando las cosas empeoren? ¿Qué puede decirles para que no se rindan justo antes de su progreso?

Hay un bellísimo versículo que dice:

> **Vuelvan a su fortaleza, cautivos de la esperanza, pues hoy mismo les hago saber que les devolveré el doble".**
> **(Zacarías 9:12 NVI)**

Esa es una idea bendita, tener tanta esperanza que usted sea un *prisionero* de la esperanza y saber que usted ama y sirve a un Dios, si es que usted es un creyente, que le devuelve el doble a Sus hijos atribulados.

Enseñarles la palabra de Dios diligentemente forma parte de ayudarlos a convertirse en personas que siempre estén llenas de fe y esperanza. Hay tantas promesas de Dios en la Biblia. Cuando la gente empieza a apropiarse de esas palabras y a decretarlas (hablarlas) sobre sí mismos y a orarlas, sus vidas cambian. A menudo le digo a la gente: "Tienen que ser como una vaca rumiando esta Palabra de Dios.

Mastíquenla una y otra vez, de manera que verdaderamente la 'digieran', absorbiendo totalmente las palabras y su significado. Las palabras tienen que establecerse en ustedes para que sean transformados por su poder".

Como lo establece Hebreos 4:12 (RVR60): "Porque la palabra de Dios es viva y eficaz, y más cortante que toda espada de dos filos". La palabra tiene un poder sobrenatural para transformarnos a nosotros y a nuestras circunstancias. Por lo tanto, para ser un "prisionero de la esperanza", la Biblia debe ser muy importante en nuestras vidas.

No puede vivir en rebelión con Dios y esperar que las promesas de Dios en la Biblia funcionen para usted. Para obtener los beneficios de confiar en Dios, uno debe cumplir con Su palabra. Tenemos que escuchar lo que dice sobre la obediencia, la pureza y sobre reparar el daño hecho a otros y ponerlo en *práctica*, así como escuchar y procurar Su gracia y ayuda. Tenemos un papel que desempeñar en lo que sucederá en nuestro futuro. Usted debe enseñar eso también. Incluso las cosas duras que la Biblia dice. Se debe enseñar y seguir "todo el consejo de Dios", como dice en Hechos 20:27.

Compartir testimonios de gente que han estado en una situación desesperada y que fueron rescatados por Dios, ayuda tremendamente a la edificación de la esperanza y la fe. Aquellos que escuchan se dirán a sí mismos: "¡Si les sucedió a ellos, me puede suceder a mí!". Tener personas que compartan sus propios testimonios, en persona si es posible, es incluso más poderoso que mostrar un video. Eso debe ser parte regular de sus reuniones –escuchar lo qué creer en Jesucristo ha hecho en las vidas de personas que andaban perdidas. Y enséñeles a los miembros de su grupo a celebrar el éxito de otras personas. Es también parte de prepararse para su progreso. La envidia no ayuda al progreso.

Usted necesita ayudarles a comprender lo que Jesús quiso decir cuando dijo: "Les aseguro que a menos que ustedes cambien y se vuelvan como niños, no entrarán en el reino de los cielos" (Mateo 18:3 NVI).

¿Cómo son los niños pequeños? Dependen de aquellos que son más grandes y más fuertes. Son juguetones, dispuestos a dar y recibir amor. Son sencillos, normalmente no critican. Usted entra al reino de los cielos renunciando a su manera de pensar y hacer las cosas, y en su lugar, dejando que Dios le ame y le guie. Ser como un niño requiere que nos rindamos. Pero, como dijo Jesús, si somos sencillos e inocentes, comenzaremos a experimentar las increíbles maravillas de Dios. El reino de los cielos es un lugar de milagros.

Usted puede ayudar a su grupo de recuperación o clase a tener más esperanza si les da el ejemplo y enfatiza la gratitud. Es muy bueno que a menudo la gratitud es uno de los temas de las comunidades de recuperación y ha sido siempre un componente de los grupos de recuperación de los Doce Pasos. En los versos de 1 Tesalonicenses 5 mencionados anteriormente, se nos exhorta a ser agradecidos en medio de toda circunstancia. ¿Cómo se relaciona eso con la esperanza?

Cuando usted dice gracias diariamente, incluso por la más mínima cosa buena, usted se recuerda a sí mismo que ya le han ayudado. Está progresando. Las cosas están avanzando. No se han olvidado de usted. Esas ideas alimentan la esperanza y ayudan a las personas en recuperación a creer que seguirán avanzando y alcanzarán sus metas.

Esa gratitud trabaja junto con el recuerdo, que es algo que también ayuda a edificar nuestra esperanza. Es muy importante recordar lo que ya Dios nos ha ayudado a superar. No a todo el mundo le gusta escribir las cosas, pero si usted puede exhortar a aquellos que está enseñando a que lo hagan, les ayudará. Cuando tengan un día difícil, pueden buscar y leer algo maravilloso que sucedió y dar gracias a Dios por ello. Nuestros espíritus se fortalecen cuando recordamos ocasiones en las que Dios nos ha ayudado y experiencias en las que Él nos ha tocado.

> **Es muy importante recordar lo que ya Dios nos ha ayudado a superar.**

Recuerdo que cuando entré al seminario, tuvimos que escribir algo que Dios había hecho por nosotros en el pasado. Nuestro instructor nos había dicho que muchas veces no reconocemos la mano de Dios en nuestras experiencias hasta que ya las hemos superado y ha pasado el tiempo. Se espera que cuando las personas maduren en la fe, lleguen a un punto donde reconozcan la presencia y la constante ayuda de Dios a cada instante, pero mientras llegue ese momento, recordar la ayuda de Dios en el pasado le da a una persona esperanza para el futuro.

Oración por el Orador y la Charla

Señor, tu Palabra dice que: "La esperanza que se demora enferma el corazón, pero el deseo cumplido es árbol de vida" (Proverbios 13:12 LBLA). Ayuda a este orador a tener tal esperanza en su corazón acerca de sus propios deseos. Cumple Tus promesas en cada área de su vida. Ayúdale a encender la chispa de esperanza en el grupo que está ministrando al darles una charla verdaderamente edificante. Dale palabras que edifiquen la fe y alimenten los sueños. Ayúdale a infundir ánimo a su grupo y a ver a cada uno/a como especial y amado/a por Ti. Padre, que cada miembro de esta comunidad de recuperación salga de esta reunión con alegría y con ligereza en sus corazones, listos para afrontar un nuevo día y para seguir adelante incluso en los momentos difíciles. No permitas que desistan en el esfuerzo de seguir mejorando. Te damos gracias, Señor, y te pedimos Tu unción poderosa sobre este orador. En el nombre de Jesús. Amén.

Ejemplo de Charla:
Introducción

¿Alguna vez se han sentido destruidos y sin esperanza, como que nada nunca va a cambiar? Por supuesto que sí. A todos nos ha pasado. Quiero compartir con ustedes esta noche una historia acerca de una mujer que estaba un poco triste y se sentía desesperada, porque quería tener un hijo.

Quizás ya conozcan la historia bíblica de una mujer llamada Ana. Ana estaba casada con un hombre llamado Elcana. Y como sucedía en aquellos tiempos, Elcana tenía otra esposa llamada Penina.

Penina tenía hijos, pero Ana no había podido tener hijos y estaba triste.

Cada año, subían a un lugar llamado Silo para un tiempo especial de adoración. Elcana iba a sacrificar animales como era costumbre en aquellos tiempos y le daba algunas de las carnes a Penina y sus hijos e hijas, pero le daba una porción especial a Ana. Él la amaba y también sentía compasión por ella a causa de su esterilidad.

Penina se burlaba de Ana y la irritaba a tal punto que Ana lloraba. Luego Elcana hablaba con ella en su torpe manera y le decía: "¿Por qué lloras? ¿No te soy yo mejor que diez hijos?".

Esto pasó por un largo tiempo. Ana se sentía desesperada y triste. Muchas personas anhelan tener hijos, pero en aquellos tiempos era muy importante. La gente pensaba que Dios había rechazado a la mujer que no podía tener hijos. Las dos grandes bendiciones que se tenía en aquellos tiempos eran los hijos y la tierra.

Decídase a Hacer Algo

Ana finalmente se cansó de sentirse triste y abatida y de pensar que nada podía cambiar. ¡Tenía que *recobrar su esperanza*! La Biblia dice que ella SE LEVANTÓ. Y la palabra hebrea para esto significa que literalmente ella saltó de su asiento y plantó ambos pies firmemente en el suelo. Imagínese a la Mujer Maravilla haciendo una pose. Ana no se levantó de su asiento suave y delicadamente. Se levantó tan de repente y firmemente que tal vez derribó algunas cosas. Quizás ella rompió un jarrón. Ella salió de aquel asiento lista para hacer negocios.

A veces, cuando nos sentimos sin esperanza, tenemos que tomar una decisión: "Puedo seguir pensando de esta manera o puedo levantarme y plantar mis pies en la tierra y comenzar a tomar acción en mi corazón y quizás en mi vida para reavivar la esperanza."

Decídase a Orar

Lo que hizo Ana fue que ella fue derecho al santuario y entró, rozando al pasar apresuradamente al sacerdote Elí, que estaba sentado a la puerta. Ella seguía llorando, pero estaba firme y decidida a ver que sucediera algo. Se arrodilló a orar y comenzó a derramar su corazón delante de Dios y dijo: "Señor Todopoderoso, si te dignas mirar la desdicha de esta sierva tuya, y si en vez de olvidarme te acuerdas de mí y me concedes un hijo varón, yo te lo entregaré para toda su vida..." (1 Samuel 1:11 NVI).

Ella siguió orando fervientemente a Dios. Las palabras estaban en su corazón y sus labios se movían, pero no emitía ningún sonido. Eli hizo una suposición equivocada. Él pensó que ella había estado bebiendo y la acusó.

(Usted tiene que preguntarse por qué él, un sacerdote, no podía reconocer una oración ferviente y llena de pasión.)

Ana le dijo que ella no estaba borracha ni era una mala mujer, pero ella estaba allí para hacer algo por su angustia y aflicción. Ella estaba allí para hacer algo porque se sentía atrapada y sin esperanza.

Usted y yo tenemos la mayor herramienta del mundo para echar fuera los sentimientos de desesperación y es la oración. ¿Cuánto tiempo tiene que orar para ver lo qué desea que ocurra? ¿Tiene que llorar y orar de la misma manera que lo hizo Ana?

Mi respuesta sería ore hasta que se sienta satisfecho en el Señor. Ore hasta que sienta que realmente ha derramado su corazón. Ore hasta que sienta Su presencia. Quizás adorarle con sus cánticos favoritos calmará su corazón. Haga lo que tenga que hacer para poner el asunto en manos de Dios y sentir que se renueva su esperanza. Lo principal es creer que Él es bueno, que sí le importa, y que está escuchando. No se trata tanto de recibir una respuesta sino de ser restaurado y estabilizado en paz.

Déjelo en Manos de Dios

Entonces, déjeselo a Él. No se lleve sus problemas otra vez. La Biblia dice, "Echen sobre él toda su ansiedad porque él tiene cuidado de ustedes" (1 Pedro 5:7 RVA2015). Déjele el asunto a Él y crea que Él va a obrar e incluso enviará sus ángeles para que hagan su parte en el asunto. *Pero no se rinda cinco minutos antes de su milagro.* Es cuando las cosas parecen más difíciles, quizás cuando usted está diciendo: "Pero he estado tratando durante *tanto* tiempo", que su bendición está a la vuelta de la esquina. Puede estar ciertamente a tan sólo cinco minutos. Aférrese a la esperanza y espere a ver lo que Dios hará. Pase lo que pase, Él caminará con usted y le pondrá fin a ese asunto. Por sobre todas las cosas, no se suelte de la esperanza y no se suelte de Él.

Y por cierto, al año siguiente, Ana tuvo a su maravilloso bebé, Samuel, su primer hijo, quien se convirtió en un gran profeta en Israel. Como ella le había prometido ese hijo a Dios, entonces Dios le dio cinco hijos más. ¡¡Nuestro Dios es un Dios que guarda sus promesas!!

Preguntas para los Grupos Pequeños

1. Cuando usted mira hacia atrás en su vida, ¿cuál fue un momento en el que pensaba que no había manera de salir de algún problema, pero lo hizo? ¿Usted ve la mano de Dios en eso ahora?

2. Cuando usted tiene dificultades en el presente, ¿es capaz de volverse a Dios y decir: "Ayúdame, Señor, sin Ti no puedo hacerlo?".

3. Cuando alguien aquí en la comunidad tiene dificultades y se siente sin esperanza, ¿cómo le da aliento?

4. ¿Qué piensa usted acerca de la historia de Ana y de cómo *ella* logró dejar de estar triste y sin esperanza?

5. Hay una cita que a menudo se le acredita al Presidente Lincoln que dice: "La mayoría de la gente son tan felices como deciden serlo". No se sabe con certeza si Lincoln dijo eso o no, pero ¿cree usted que puede decidir ser feliz y estar lleno de esperanza? ¿Cómo puede hacerlo?

Unas Palabras Finales a los Pastores y Líderes

Si usted es pastor, quizás esté pensando en cómo organizar un ministerio de recuperación en su iglesia. Quizás usted diga: "Sólo tengo que invitar a un grupo de Alcohólicos Anónimos para reunirse en una de nuestras aulas, o encontrar algunos líderes y comenzar un programa de Celebrando la Recuperación (*Celebrate Recovery*) una noche a la semana".

Quisiera sugerir que en vez de pensar en la recuperación como simplemente "agregar otro programa," considere primeramente el "clima" de su iglesia. ¿Cree su congregación en el ministerio de sanidad vigente de Jesucristo? ¿Cree usted que Él puede sanar? ¿Existe apertura a una relación con el Espíritu Santo, el cual nos hace conscientes de Jesús y su ministerio? ¿Puede usted predicar y enseñar acerca del Espíritu Santo? ¿Existen expectativas en su iglesia de que haya demostración de los dones del Espíritu?

Si ese tipo de clima está presente, será mucho más fácil comenzar a hablar de la necesidad de abrir sus corazones y sus puertas a personas en recuperación ya que todos estamos en algún tipo de "recuperación". Si ese clima del Nuevo Testamento no está presente, y por el contrario, se siente como si hubiera un ambiente de decoro superficial y moralismo, es tiempo de predicar sobre la gracia, recordar a la gente la necesidad universal de la cruz y comenzar a sentar las bases para que haya expectativa por el ministerio de sanidad.

Cuando la gente esté suficientemente preparada, puede comenzar a guiarlos como grupo para que alcancen a todo el mundo, para que ministren más efectivamente y con frecuencia más allá de sus paredes y para que se conviertan en una comunidad acogedora y dispuesta a asimilar a aquellos en recuperación. Entonces, puede comenzar a pensar en la logística para implementar este ministerio como parte de la vida de su congregación.

Si usted ministra en una cárcel, prisión o centro de recuperación, considere seriamente presentar a Jesús como el camino para salir de la adicción, usando materiales basados en la fe cristiana sin reparos.

Yo vengo de un trasfondo wesleyano, así que para mí los pequeños grupos que permiten que el amor y la transparencia crezcan, son importantes como una vía de formación espiritual para la gente. Creo en pequeños grupos estables donde la gente realmente empiece a conocerse unos a otros y a tener vida en común dentro de una iglesia o centro de recuperación. Al utilizar las lecciones de este libro y otros materiales, la gente podrá crecer a través de los debates y de la oración de los unos por los otros. Puede dedicar una enseñanza / tiempo con su grupo pequeño a este enfoque –la recuperación a través de Jesucristo– para atraer personas con esa necesidad a la vida de su iglesia o mientras trabaja con personas en un centro de recuperación.

Pero lo primordial en estos tiempos es predicar a Jesús a toda persona. Él es *la* Respuesta. En esta era de la devastadora plaga del uso de las drogas, Jesús es *el* Libertador que nos hace libres. Él mismo dijo:

> El Espíritu del Señor está sobre mí, por cuanto me ha ungido para anunciar buenas nuevas a los pobres. Me ha enviado a proclamar libertad a los cautivos y dar vista a los ciegos,

a poner en *libertad* a los oprimidos, a pregonar el año del favor del Señor.

Esas son las palabras que se encuentran en Lucas 4:18-19 (NVI) que Jesús leyó del libro del profeta Isaías para anunciar el comienzo de Su ministerio y lo que lo caracterizaría. Esas palabras de unción son también para nosotros, sus seguidores, que consideramos la necesidad urgente en esta época moderna de acabar con la adicción a las drogas. Este no es el momento para ser tímidos o tibios. No podemos moderar nuestras palabras para que ellas nos protejan de la impopularidad. Si alguna vez ha habido un momento de ser valientes nuevamente con el Evangelio de Jesucristo, es ahora. Si alguna vez necesitamos ser bien claros sobre quién es el Espíritu Santo y sobre el poder que viene de lo alto y mora en nosotros, es ahora. Alrededor de todo el mundo la gente se está muriendo de diferentes maneras a causa de las drogas. Ya sea en un tiroteo entre los cárteles de la droga en México, un agente fronterizo acribillado a balazos en los EE.UU. o un adicto muriendo de una sobredosis en una habitación de un motel; la gente se está muriendo. Las familias están divididas. La gente se está arruinando financieramente a causa del costo de la adicción o por la carga de los costosos tratamientos.

Hay muchas estrategias para ayudar a las personas a ser libres de las drogas y muchos se preocupan por este asunto. Ver que hay programas e iniciativas a diversos niveles gubernamentales es alentador, pero lo que se necesita en estos tiempos es volver a confiar en el poder que viene de Dios y la transformación radical de una vida que viene a través de la cruz. En mi opinión, no se ha confiado suficientemente en esto. Hemos pensado que otros medios serían más eficaces para este problema. Sin embargo, vemos un panorama atestado de recaídas y desesperanza.

Así que, me limitaré a cerrar con la letra de la segunda estrofa del himno de 1969, *Hay un Espíritu en el Aire*, por el autor de himnos Brian A. Wren:

Pierde tu timidez, encuentra tu lengua;

dile al mundo lo que Dios ha hecho:

Dios en Cristo ha venido a quedarse,

Podemos ver Su poder hoy.

"Pierda su timidez, encuentre su lengua". Hable y enseñe, demuestre e imparta el ministerio redentor de Cristo Jesús a través del poder del Espíritu Santo en el amor del Padre. Ayude a la gente a ser permanente y verdaderamente libre.

ACERCA DE LA AUTORA

La Dra. Pam Morrison fue ordenada y entrenada como ministro para seguir la ruta convencional de servir en el liderazgo pastoral en las iglesias. Se formó en la Escuela de Teología de St. Paul, en Kansas City, y el Seminario Teológico de Gordon-Conwell en Charlotte, Carolina del Norte. Como pastora formada en la tradición metodista, donde los pastores se mueven con más frecuencia, trabajó en seis iglesias como pastora asociada o pastora principal. Como el Espíritu Santo empezó a moverse en su vida más y más, esa ruta fue alterada drásticamente.

Pam comenzó a ministrar a personas encarceladas en 2008 como voluntaria de Confraternidad Carcelaria (Prison Fellowship). Su corazón fue conmovido grandemente por las mujeres con quienes interactuó que cumplían condenas en la zona de Leavenworth, Kansas. La mayoría, si no todas, estaban encarceladas por delitos relacionados con las drogas. Mientras Pam escuchaba sus historias, la angustia de sus infancias y la nostalgia por sus hijos –de los cuales muchas habían perdido la custodia– su deseo de ministrar a Jesucristo a hombres y mujeres que intentaban escapar de la adicción y de un ciclo interminable de tiempo en la cárcel o en la prisión, creció. El fuego de ese deseo fue estimulado por el hecho de que adictos en recuperación comenzaron a venir a la iglesia que ella pastoreaba, en aquel momento, en números cada vez mayores.

En 2011, abandonó el liderazgo pastoral de la iglesia local definitivamente y comenzó a ministrar a las personas adictas y a aquellos que salían de cárceles y prisiones dondequiera que Dios le guiaba a encontrarlos. Ella ha servido principalmente en la comunidad de recuperación Healing House (www.healinghousekc.org) como pastora voluntaria durante los últimos siete años y también ha sido parte del equipo de oración de sanidad de Heartland Healing Rooms en el área de la ciudad de Kansas (www.heartlandhealingrooms.org). Heartland Healing Rooms, fundado por Lee y Doris Harms, forma parte de la International Association of Healing Rooms, dirigida por Cal y Michelle Pierce, de Spokane, Washington, un ministerio fundado en la tradición de John G. Lake de los cuartos de sanidad. Heartland Healing Rooms ministra en Hope City (www.hopecitykc.org), como una de sus sedes, —otra comunidad de recuperación— asociada con la Casa Internacional de Oración. Es este énfasis en el ministerio sanador de Cristo, tanto la sanidad interior como la sanidad física, el que Pam tiene en su ministerio. Ella brinda oración de sanidad, consejería pastoral, enseñanza y predicación a quienes están en recuperación.

Además, Pam ministra en otros países con su predicación y oración de sanidad. Actualmente está colaborando con pastores y misioneros cubanos para apoyarlos en sus ministerios. Su ministerio ha alcanzado Perú, Nicaragua y Brasil en varias ocasiones también. Ella recibe con satisfacción la oportunidad de predicar el evangelio con poder y de orar por sanidad donde quiera que Dios le lleve.

Pam y su esposo, David, viven en el área de Overland Park, Kansas. Ella tiene dos hijos (cuatro, contando sus maravillosos cónyuges) y cinco hermosos nietos.

Para ponerse en contacto con la Dra. Morrison o para invitaciones:
email: revpmorrison21@gmail.com
www.pammorrisonministries.com

[1] NIH. (2017, Abril 24). *Tendencias y Estadísticas.* Extraído el 17 de junio de 2018, del Instituto Nacional del Abuso de Drogas: https://www.drugabuse.gov/related-topics/trends-statistics

[2] Chadwick, S. (2000). *El Camino Hacia el Pentecostés.* Fort Washington, PA: CLC Publications.

[3] Prince, J. (2008). Destinados a Reinar. Tulsa, OK: Harrison House.

[4] Esta es la historia de Danny Velasco que se ha contado muchas veces en la Iglesia Tabernáculo de Brooklyn en Nueva York. Un video de su testimonio está incluido en el DVD de su álbum titulado "Estoy Sorprendido de que me Amas."

[5] Esta historia es de la Charla número 6 del curso Alpha titulada, "¿Quién es el Espíritu Santo?".

[6] Chadwick, S. (2000). *El Camino Hacia el Pentecostés.* Fort Washington, PA: CLC Publications.

[7] Kandiah, K. (2015, 5 de marzo). La iglesia está creciendo, y aquí están las cifras que lo demuestran. Extraído el 20 de junio de 2018, de Christian Today: https://www.christiantoday.com/article/a-growing-church-why-we-should- focus-on-the-bigger-picture/49362.htm

[8] Nota sobre Gálatas 2:21, Biblia Plenitud, Versión Reina Valera, 1960.

[9] La canción, "Sabrán que Somos Cristianos" fue estrenada en 2005 por Jars of Clay.

[10] Wurmbrand, R. (1998). Torturado por Cristo. Bartlesville, OK: Sacrificio vivo Book Company.

[11] Murray, A. (1984). El Espíritu de Cristo. New Kensington, PA: Whitaker House.

[12] Estas descripciones de errores de pensamiento están basados en la obra de la Dra. Stanton Samenow y se describen en un pequeño panfleto llamado "Proceso de Pensamiento Correctivo", 2007. Este folleto es distribuido a través del sitio web http://www.truthought.com.

[13] Souza, K. (2017). Soul Decrees. Maricopa, AZ: Eleven Eleven Enterprises.

[14] Souza, K. (2017). Soul Decrees. Maricopa, AZ: Eleven Eleven Enterprises.

[15] Sermons.com . (N.d.). El Optimismo. Extraído el 12 de junio de 2018, de Sermon Illustration: http://www.sermonillustrations.com/a-z/o/optimism.htm

[16] Twain, M. (1922). Puddn'head Wilson. Nueva York: P.F. Collier & Sons Company.

[17] Easton M.A., D.D., M. G., (1897). La Tentación. Diccionario Ilustrado de la Biblia, Tercera edición. Thomas Nelson. Extraído de https://www.biblestudytools.com/dictionaries/eastons-bible-dictionary/temptation.html

[18] Discípulo. (m. y f.). Extraído de: Real Academia Española https://dle.rae.es/?id=DsLLpKP

[19] Wimber, J. (1987). El Poder Sanador. Nueva York: Harper Collins.

[20] Baumchen, H. (2017, Marzo 28). Superando el Resentimiento y la Amargura. Extraído el 21 de junio de 2018, de Journey to Recovery: https://blog.journeytorecovery.com/overcoming-resentment-and-bitterness/

21 darash. (N.d.). Extraído de la Biblia de Letra Azul: https://www.blueletterbible.org/lang/lexicon/lexicon.cfm?Strongs=H1875&t=KJV

22 Speigel, J. S. (2010, Febrero 23). La Virtud de la Paciencia: Esperando sin Quejarse. Estudios de la Biblia Cristiana. Extraído el 21 de mayo de 2018, en https://www.christianitytoday.com/biblestudies/articles/spiritualformation/vir tue-de-paciencia.html

23 A Living Sacrifice. (2000). En R. J. Morgan, Libro Completo de Historias, Ilustraciones y Citas de Nelson (p. 39). Nashville: Thomas Nelson Publishers.

24 How D.L. Moody Dealt with Anger . (2000). En R. J. Morgan, Libro Completo de Historias, Ilustraciones y Citas de Nelson (p. 30). Nashville: Thomas Nelson Publishers.

25 Kendall, R. T. (2007). El Perdón Total. Lake Mary, Fl: Charisma House.

26 Wang, R. (2014, 3 de agosto). Hombre de Colón perdonó a quien le lanzó una roca que lo dejó ciego. CantonRep.com. Extraído de http://www.cantonrep.com/article/20140803/NEWS/140809799

27 The Unfrozen Hand. (2000). En R. J. Morgan, Libro Completo de Historias, Ilustraciones y Citas de Nelson (p. 315). Nashville: Thomas Nelson Publishers.

28 Laniak, T. S. (2007). Mientras los Pastores Vigilan su Rebaño: 44 Reflexiones Diarias sobre Liderazgo Bíblico. Shepherd Leader Publications.

www.ingramcontent.com/pod-product-compliance
Lightning Source LLC
Chambersburg PA
CBHW060823050426
42453CB00008B/562